국가무형문화재 제와장 (기와 만드는 장인)
장흥 가마 체험기

국가무형문화재 제와장 (기와 만드는 장인)
장흥 가마 체험기

발행일 2023년 1월 27일
지은이 정종남
펴낸이 윤혜숙
펴낸곳 (주)피오디컴퍼니
출판등록 2013년 7월 29일(제2013-000051호)
주소 서울시 용산구 청파로47 나길 7 청파프라자 3층
전화 02-715-4857
팩스 02-715-0216
이메일 podcompany1@gmail.com
www.podcompany.kr

ⓒ 정종남 2023
ISBN 979-11-91463-05-7 (93630)

가격 12,000원

이 책은 저작권법에 의해 보호를 받는 저작물이므로
무단전재와 무단복제를 금합니다.
이를 위반 시에는 형사/민사상의 법적책임을 질 수
있습니다.

*베네치아북스는 피오디컴퍼니의 단행본 브랜드입니다.

| 이 책은 전라남도, (재)전라남도문화재단의 후원을 받아 발간 되었습니다. |

국가무형문화재 제와장 (기와 만드는 장인)
장흥 가마 체험기

베네치아 북스

차례

서문

Chapter Ⅰ. 기와지붕 9
Stage 1. 한옥 지붕 곡선미 11
- Episode 1. 아이콘 11
- Episode 2. 율동감 13

Stage 2. 기와 + 지붕 장인들 19
- Episode 1. 기와 설치하는 사람_와공 19
- Episode 2. 기와 만드는 사람_제와장 22

Chapter Ⅱ. 기와 굽는 가마 25
Stage 1. 국가무형문화재 제와장 가마 27
- Episode 1. 숭례문 복원 기와 27
- Episode 2. 공인 조선기와 제작소 30
- Episode 3. 견학 31
- Episode 4. 공개행사 36

Stage 2. 가마 복원 38
  Episode 1. 기와가 완성되는 곳_가마 38
  Episode 2. 가마 히스토리 40
  Episode 3. 되살린 가마 49
Stage 3. "인간문화재" 제와장들 57
  Episode 1. 한형준 57
  Episode 2. 김창대 62

Chapter Ⅲ. 기와 만들기 69
Stage 1. 재료 준비_흙 가공 73
  Episode 1. 흙 채굴 배합 73
  Episode 2. 반죽, 벼늘 쌓기 79
  Episode 3. 다무락 쌓기 83
  Episode 4. 흙 판 만들기 85

차례

Stage 2. 기와 만들기_ 성형 87
  Episode 1. 암·수기와 만들기 87
  Episode 2. 막새기와 만들기 98
  Episode 3. 장식기와 104
Stage 3. 기와 건조 109
  Episode 1. 음지 + 양지 건조 109
  Episode 2. 낱장 건조 111

Chapter Ⅳ. 기와 굽기 113
Stage 1. 손베이어 벨트 115
Stage 2. 기와 쌓기 119
  Episode 1. 불길이 흐르도록 119
  Episode 2. 적재법 연구 124
  Episode 3. 출입구 막기 126

Stage 3. 불 때기 129

    Episode 1. 환골탈태 130

    Episode 2. 밀당 135

    Episode 3. 가마봉인 145

    Episode 4. 땔감 146

Stage 4. 기와 꺼내기 149

    Episode 1. 식히기 149

    Episode 2. 꺼내기 152

Chapter V. 김창대 제와장 Q&A 155
국가무형문화재 제91호 제와장 기능 보유자

참고도서 목록

기와 + 장인 이야기

    고유한 작업 방식이 대체 불가의 특성을 만든다. 손으로 빚어 흙 가마에 구워 만드는 기와는 자동화 설비로 생산된 것과 차이가 있다. 수제기와는 공장제 기와로 대체된 후 사라졌다가 지금 다시 중요문화재 건물에 공급되고 있다.

    전라남도 장흥에 국가무형문화재 제와장 기능보유자 김창대 선생의 전통 가마가 있다. 이곳에서는 숭례문, 창경궁 안의 여러 건물, 종묘 정전 같은 조선시대 대표적인 건축들에 기와를 납품한다. 김창대 제와장의 가마를 찾아 한반도에서 2천 년 가까이 사용된 기와 제작과정을 자세히 전한다. 수백 년 된 건축 문화 유산에 조선기와를 다시 사용하게 된 이유를 알게 된다.

    한옥 기와 만드는 이야기인 이 책은 전라남도, (재)전라남도문화재단의 후원으로 발간했다.

2023년 1월

글쓴이

Chapter I.
기와지붕

수원 화성 영롱장. 기와로 만든 담장 (2013. 10. 수원)

Stage 1.

한옥 지붕 곡선미

Episode 1.
아이콘

한옥 지붕과 처마 모양은 한국건축의 조형미를 나타내는 상징처럼 쓰인다.

날아갈 듯 휘어 오르는 처마는 경쾌하고, 여러 선이 한데 어울린 지붕 실루엣은 우아하다. 또, 검은 바탕에 은회색이 감도는 기와의 색감은 단정하고 차분하다. 억제된 듯 화려한 한옥의 지붕은, 가만히 보면 볼수록 눈이 가는 매력이 있다.

그래서인지 한옥 지붕은 건축을 떠나 하나의 문화적 아이콘이 된 것도 같다.

세련미

나는 한옥 지붕을 구성하는 세부 요소에 비결이 있다고 본다.

길이와 각도를 조절해 자연스런 곡률을 형성한 처마 서까래의 율동감 같은.

기와 골의 기울기와 높낮이가 일률적이지 않고, 딱딱한 직선을 탄력 있게 휘어서 유연한 곡면을 이룬 지붕면의 세련미 같은.

한 장 한 장 빚어 가마에서 구운 기와 질감이 지붕의 기품을 완성하는 것 같은.

이런 건축 요소들을 한데 모아, 거대한 지붕의 위압감을 덜고 사뿐하게 만든 솜씨에 그 아름다움의 비밀이 있다고 여긴다.

우아한 처마지붕. 보림사. (2013. 3. 장흥)

Episode 2.
율동감

한옥 지붕의 건축미는 공들여 만든 세 가지 곡선으로 완성된다. 지붕 마루선, 처마선, 지붕면의 욱음곡이다. 지붕을 꾸미는 이 곡선들에는 여러 분야 장인들의 숙련된 기술과 노력이 깃들어 있다.

반곡

네 방향 지붕면이 만나 생기는 접촉선에 기와를 두껍게 쌓아 만든 지붕 마루(용마루, 내림마루, 추녀마루)가 먼저 눈에 띈다. 지붕 맨 위쪽 좌우로 길게 늘어선 용마루, 그 양 끝에서 전후 면으로 내림마루, 다시 모서리 대각선 방향이 추녀마루다. 이 선들은 완만하게 처져 내리다가 끝을 살짝 들어 올린 반곡이 인상적이다.

반곡은 하중이 집중되는 지붕 마루의 끝부분이 변형되더라도 꺼져 보이지 않게 미리 해둔 '선제 조처'다. 또, 긴 지붕 마루 선을 자연스럽게 약간 당겨 올려서, 처질까 싶은 불안감을 덜어주는 시각 보정 효과도 있다.

멀리서 더 잘 보이는 이 섬세한 지붕 마루 곡선들 덕분에 한옥 지붕이 더 우아해진다.

하나의 선에서 수평과 수직으로 양방향의 변화를 볼 수 있는 처마는 이보다 더 화려하다.

한옥의 지붕 곡선. 김명관 고택(국가 민속문화재) 사랑채. (2022. 01. 정읍)

3차원 곡선

지붕이 벽체 밖으로 나온 부위가 처마지붕이다. 처마는 정면에서 보면 양 끝이 가볍게 치켜 오르고 있다. 옆으로 길게 펴 놓은 'U'자 모양이다. 처마선이 '＿' 자일 때의 단조로움과 긴장이 상쇄되고 한층 날렵해 보인다.

그런데 같은 곳을 처마 밑에서 올려다보면 또 다른 곡선이 보인다.

가운데가 건물 안쪽으로 휘어들었다가 모서리에서는 밖으로 나가고 있어 이번에는 'n'을 눌러 편 것처럼 보인다. 즉, 한옥 지붕의 처마선은 가운데는 안으로 들어가면서 밑으로 처지고, 양 끝은 밖으로 나가면서 위로 휘어 오르는 3차원 곡선이다.

양 끝이 올라가는 '앙곡'과 가운데가 들어가는 '안허리곡'의 처마는 볼수록 매력 있는 한옥 지붕 건축미의 포인트다.

욱음곡

지붕면도 자세히 보면 평평하지 않고, 곡률이 설정되어 있다.

마치 손바닥을 가볍게 폈을 때 가운데가 살짝 안으로 들어가고 손끝이 올라오듯, 지붕면 중앙부위는 지붕 속으로 자연스럽게 휘어들고 처마 끝은 위로 들린다.

지붕 상부는 급경사에 하부는 완만해지는 욱음곡은 지

붕면 배수를 촉진한다. 실을 늘어뜨린 듯 살짝 쳐졌다가 올라오는 기와 골과 열이 세련미를 더 한다.

화려한 처마선과 기와지붕. 송광사 약사전(보물) (2022. 4. 순천)

크고 육중한 지붕이 무게감을 덜고 날렵해 보이는 건 이 세 가지 곡선들 때문이다. 덕분에 한옥의 지붕은 보는 방향에 따라 각각 다른 맛이 난다.

복잡하고 섬세한 이 곡선들은 하나하나 정밀한 계산을 거쳐 만들어진다.

목수들은 처마선의 3차원 곡선을 만들기 위해 서까래를 깎을 때부터 모든 부재의 위치별 길이와 두께, 높이를 달리해서 만든다. 설치할 때도 그에 못지않은 공력을 쏟는다. 곡률에 맞게 확인해가며 반복적인 조정을 거쳐 하나하나 고정해가기 때문에 상상 이상의 시간이 소요된다.

공들여 만든 지붕의 곡선미는 직선적인 현대건축의 외형과 대비된다.

덕분에 지붕은 한옥 하면 떠올리는 대표 이미지가 됐다.

Stage 2.

기와 + 지붕 장인들

Episode 1.
기와 설치하는 사람_와공

다양한 지붕 재료들

과거 한국건축 지붕 마감재에는 기와 외에도 여러 재료가 쓰였다.

조선시대까지만 해도 기와는 고급 건축과 양반가 건물에만 사용됐고, 백성이 살던 집에는 고비용의 기와 대신 주변에서 쉽게 구할 수 있는 재료가 쓰였다. 농촌에서는 볏짚을 엮어 이은 초가지붕이 흔했다. 벼농사가 많지 않은 제주

도나 산간은 억새풀로 이은 샛집이, 강원도 골짜기에서는 참나무 껍질로 이은 굴피집이나 참나무 널판으로 덮은 너와집도 있었다.

기와의 장점

그러나 요즘 짓는 한옥은 예외 없이 기와를 얹는다.

진흙으로 빚어 고온에 구워낸 기와는 수백 년이 지나도 변형 없이 유지된다. 겹겹이 이어진 기왓장은 단단한 보호막을 형성해 건물을 보호한다. 기와는 다른 지붕 재료들과 비교할 수 없이 내구성이 우수하다.

또한 기와는 지붕을 보호하는 건축 구조재인 동시에 건물의 외형을 품격있게 꾸민다. 한 장 한 장 정연하게 물고 물린 기왓장은 자연스러운 곡선을 이루며 한옥 지붕의 멋을 완성한다.

와공의 검증 값

지붕에 기와 얹는 일을 전문으로 하는 사람들이 와공이다.

한옥 지붕 곡선의 토대는 목구조로 만들어진다. 추녀와 서까래 등 지붕에 쓰인 대형 목재의 내밈과 들림, 곡률은 목수 손에 달렸다.

그러나 그 최종 마감은 낱낱의 기왓장을 잇는 와공들 몫이다. 지붕의 외피를 형성하는 나무 층과 흙의 부위별 두께는 와공이 조정한다.

실제로 현장에서 종종 목수들이 후속 작업을 고려한 와공의 요청을 미리 반영하기도 하고, 목수의 선행작업이 후속 공정을 시작한 와공에 의해 수정되기도 한다.

와공들은 자연스러운 지붕 곡선을 만들기 위해 작업 구간마다 새끼줄을 길게 늘어뜨려 자연스럽게 처져 내린 곡선을 띄워 놓고, 이 기준선에 맞춰 작업한다. 지붕 마루의 반곡을 만들 때는 해당 부위 기와 쌓기 겹 수를 늘려서 두께를 조절하기도 한다.

오랜 세월 검증·전수된 비율 값과 와공의 섬세한 작업으로 지붕 곡선이 완성된다.

Episode 2.
기와 만드는 사람_제와장

지붕에 기와를 잇는 일은 와공 몫이지만, 만드는 사람은 따로 있다. 기와 만드는 장인. 제와장이다.

기와 품질은 제와장의 손에 달렸다. 조선시대는 물론 근현대기에도 많은 수의 제와장들이 활동하며 건축 현장 기와 공급을 맡아왔다.

그런데 지금은 전통 방식으로 수제 기와를 만드는 제와장은 극소수다. 지난 수십 년 사이 수제 한식 기와의 맥이 끊길 뻔했기 때문이다.

수제기와

수제 한식 기와는 기계 설비를 이용한 다른 기와보다 상품성이 떨어진다.

긴 제작 기간에 비해 생산량은 적은 수제 기와는 빠르게 대량 생산하는 시멘트 기와의 경쟁 상대가 못 됐다.

시멘트 기와를 쓰지 않는 문화재 공사에도 기계 설비로

대량 생산한 공장제 한식 기와가 사용됐다. 이 때문에 수제 기와는 점차 설 자리가 없어졌다.

가마 속의 갓 구운 암막새 기와. 김창대 제와장 가마. (2022. 10. 장흥)

그러던 중 근래 10여 년 사이 수제 기와가 다시 생산되는 변화가 생겼다.

15년 전 화재로 유실된 숭례문의 복구공사를 계기로 수제 기와의 가치가 재조명되고, 국가지정문화재에 전통 수제 기와를 쓰도록 공급체계가 확립되면서다.

덕분에 전통 방식으로 기와를 만들고 굽는 제와장의 가마가 다시 관심을 끌고, 기능 전수 기회도 늘고 있다.

Chapter II.
기와 굽는 가마

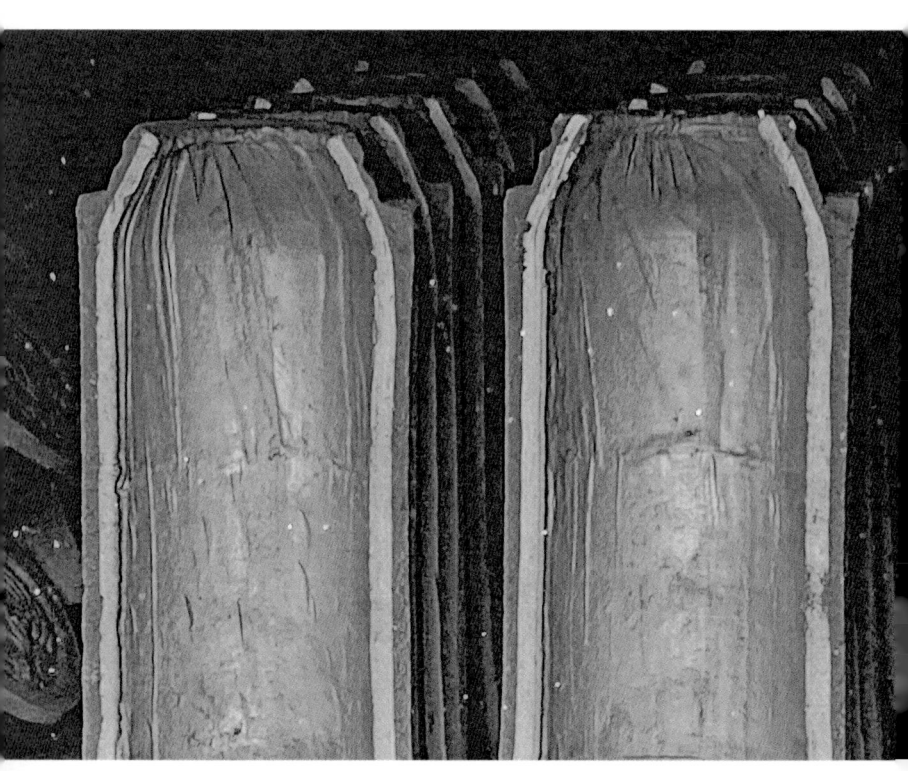

갓 구운 수기와. 수제기와 고유 흔적인 면포 주름 자국이 보인다.
(2022. 10. 장흥)

Stage 1.

국가무형문화재 제와장 가마

Episode 1.
숭례문 복원 기와

내가 사는 전라남도 장흥에는 국가무형문화재 제 91호 제와장(기와 굽는 장인) 김창대 선생의 가마가 있다.

전통 방식으로 기와를 굽는 가마는 드물다. 생활자기나 미술품 등으로 수요가 끊이지 않은 도자기의 가마는 흔하지만, 건축재료인 기와 가마는 생소하다. 건축 현장에서 꽤 오랫동안 수제 기와를 안 쓰면서 가마도 사라졌기 때문이다.

그런데 지금은 상황이 달라졌다. 국가지정문화재 건축에 다시 수제 기와를 사용한다. 그러면서 최근 10여 년 동안, 전국 몇 군데에 기와 굽는 가마가 복원됐다. 장흥 가마는 그중에서도 아주 특별한 곳이다.

세계문화유산

김창대 제와장은 현재 단 한 사람의 국가무형문화재 제와장 기능 보유자다.

선생이 운영하는 가마는 10여 년 전 숭례문 복원공사 납품을 시작으로, 국보와 보물 등 국가 지정 문화재 건물에 사용하는 기와 공급을 도맡고 있다.

최근 이곳에서 구운 기와도 구례 운조루(국가 민속 문화재)에 쓸 기와였다.

또, 서울 종묘 정전 기와도 작업 중이다. 종묘는 유네스코 지정 세계문화유산이자 조선시대를 대표하는 주요 건축 가운데 하나다.

숭례문 복원에 사용된 암막새 기와. 한형준·김창대 제와장 작업.
(한국문화재재단 사진 자료에서 빌려옴.)

Episode 2.
공인 조선기와 제작소

 장흥 가마가 공인 조선기와 제작소가 된 것은 김창대 제와장과 그의 스승 한형준 제와장을 통해 전통 기와 제작기법이 온전히 전수·보전됐기 때문이다.
 그런데 장흥 가마의 진정한 가치는 기법 보유에 그치지 않는 실제 역할에 있다. 이곳의 기법이 "학술적·예술적 가치"를 인정받은 사실도 사실이지만, 문화유산의 유지·보수용 기와를 제작 납품하는 일은 더 중요한 의미가 있다.
 김창대 제와장의 가마는 한국건축 역사만큼이나 오랫동안 사용된 전통 기와를 지금 다시 재현·공급 함으로써, 문화유산 보존의 한 축을 맡고 있다.

Episode 3.
견학

나는 장흥에 제와장의 가마가 있다는 사실을 여기 와 살면서 알았다.

귀촌 초년생 때였을까. 우연히, 제와장 가마 알바 유경험자로부터 한형준 제와장에게 전수한 김창대 선생이 가마를 운영한다는 얘기를 들었다.

호기심 발동한 나는 한동안 생각만 하고 있다가, 4년 전쯤 지나는 길에 잠시 들러 가마를 구경했었다.

알바

나는 그때 이곳의 영세한 시설에 살짝 놀랐다. 후미진 야산 골짜기에 자리한 가마터는 첨단 설비를 갖춘 대규모 기와 공장에 비할 수 없이 간소하고 소박했다. 비닐하우스 안에는 건조 중인 암수 기와가 세워져 있었고, 흙 가마 두 동이 연접한 가마터 옆으로 작업장이자 숙소로 쓰는 통 나무집 한 동이 시설의 전부였다.

전시관에 보관된 와통. 여기에 흙 판을 감고 기와를 성형한다.
(2022. 10. 장흥)

반전 느낌

당시 나는 한옥 목수로 문화재 보수 일을 했었다. 이런 가마의 희소성을 모르진 않아서, 어느 정도의 '반전 느낌'을 생각 못 한 건 아니었다.

그런데 그렇기는 해도, 이날 첫 방문에 오래전 견학한 기와 공장이 '오버랩' 되는 건 어쩔 수 없었다.

나는 2012년 겨울 경북 청도에 있는 한옥학교에서 3개월 간 목수 실습을 했었다. 마침 그곳 수업 프로그램에 기와 공장 견학이 있어서 운 좋게 공장제 기와 생산 현장에 가 볼 기회가 있었다.

그날 본 공장은 놀라웠다. 그곳은 자동화 설비로 한식 기와를 생산하는 국내 최대 기와 공장이었다. 흙 반죽에서 기와 성형, 운반, 건조, 굽기까지 모든 공정이 자동화·기계화 되어 있었다. 규모도 컸지만, 안내받아 둘러본 내부 시설은 매우 효율적으로 보였다. 기와 생산 공정 전체가 하나의 동선으로 연결되어 대량생산 시스템이 완비된 모습이었다.

기와 공장과 전통가마

물론, 두 시설의 단순 비교는 무리다. 당시는 문화재 건물 지붕에 공장제 기와가 사용되던 때였다. 또, 민간에 새로 짓는 한옥에서는 이미 공장제 기와 사용량이 급증하고 있었다. 국민소득 수준 향상과 맞물려 전원 속 고급 주거지로 한옥이 점점 인기를 끌고 있었으니, 기와 공장의 시설

확장은 당연했다.

반면, 수제기와는 한옥 신축은 물론 문화재 공사장에서도 한동안 퇴역했었다. 수십 년의 단절을 딛고, 수제기와는 이제 막 다시 공급되는 중이다.

최근 몇 년 사이 문화재청 지원으로 장흥 가마 시설이 다소 확충된 것 같아 그나마 다행이다. 전시관 건물이 새로 생겼고, 일부 여건이 개선됐다.

무엇보다 문화재 보수 현장 기와 납품 체계가 자리 잡으면서, 전통 방식의 수제 기와 제작기법을 배우며 일하는 젊은 직원들도 는 것 같다.

전시관에 진열된 기와. 위부터 암막새, 수막새, 잡상. (2022. 10. 장흥)

Episode 4.
공개행사

집필을 준비하던 중 나는 운 좋게도 김창대 제와장의 기능 공개행사에 참여할 기회를 얻었다. 4년 전 첫 방문 후 블로그 친구 맺기로 간간이 소식을 접하다가, 장인 이야기로 글을 기획하던 중 때맞춰 행사 안내를 받았다.

김창대 제와장에 따르면, 앞으로 정기적인 공개행사를 자주 열게 됐다고 한다. 덕분에 일반인들의 수제기와 제작 체험 기회가 늘어날 것 같다.

나는 1박 2일 동안 김창대 제와장이 가마에 불을 때서 기와를 굽는 '소성' 과정에 참여했다. 또 막새기와 만들기 일부 공정을 체험했다. 여기 소개하는 내용 중 특히 소성 관련 글은 대부분 이번 체험에 바탕 한 것이다.

그 밖에 다른 내용들도 작업 사이사이 김창대 제와장과 나눈 대화, 그리고 추가 방문 인터뷰에 기초했다.

제와장 공개행사. 저자의 수막새 만들기 체험. (2022.10. 장흥)

Stage 2.

가마 복원

Episode 1.
기와가 완성되는 곳_가마

지붕 건축재로써 기와의 특성은 가마에서 완성된다.

기와는 태양광 상시 노출과 악천후를 견디고, 눈비로부터 목재 부식을 막으며 몇백 년쯤은 무난히 유지될 만큼 견고해야 한다. 기와의 이런 기능은 소성에서 생긴다. 자연상태 흙을 빚어 말린 '날 기와'가 고성능 건축재로 변신하는 곳이 가마다. 그러니 가마는 전체 기와 제작 공정에서 가장 핵심적인 생산시설이다.

가마

가마는 인류가 수천 년 동안 사용해온 기와 굽는 시설이다. 흙과 돌을 사용해 벽체, 둥근 지붕, 아궁이, 굴뚝을 만들어 그 안에 기와를 넣고 굽는다. 진흙으로 빚은 기와는 초고온의 가마 속에서 화학반응을 거친 후 풍화, 겨울철 동결융해를 버텨 내는 내구성을 얻는다.

특히, 불을 때서 흙 가마로 구워낸 기와는 전기 설비로 구운 공장제보다 천연의 질감을 갖는다. 같은 한식 기와라도 어떤 가마에서 구웠냐에 따라 지붕의 미감이 완전히 달라진다.

그런데 전통 방식으로 기와를 굽는 가마가 제대로 복원된 것은 비교적 근래의 일이다.

장흥 제와장 등요 가마 (2022. 10. 장흥)

Episode 2.
히스토리

고대

한반도에서 가마가 사용된 역사는 고대국가 성립 이전까지 거슬러 올라간다.

최초 기와 사용은 한반도에 한나라의 건축 기술이 들어오던 시기로 추정한다. 유적에 나타난 기와 조각도 기원 전후 한사군 설치 지역의 것이 가장 이르다.

　삼국시대에는 절터나 궁궐터, 왕릉에서 나온 기와 조각들에서 알 수 있듯, 상류층 건축에 기와가 널리 사용됐다. 특히, 고구려와 백제시대 막새기와의 세련된 문양은 잘 알려져 있다. 이미 이때부터 기와는 단순 구조재가 아닌 건축을 돋보이게 꾸미는 장식 기능도 겸했다.

　고대 건축은 왕국 최고위 권력층과 귀족들의 전유물에 가까웠다. 따라서 이들이 관장하는 건축공사 담당 조직도 직할 부서처럼 운영됐을 것으로 짐작한다.

　통일신라시대 건축 담당 행정조직은 매우 체계적이었다. 건축 기구가 궁궐, 도성, 토목, 지방 도시 등으로 나뉘어 각각 별도 조직을 갖췄다. 기와 굽는 가마도 그 안에서 운영했을 것으로 추정한다.

조선시대

조선시대 가마는 탄력적으로 운영됐다. 도성과 궁궐은 물론, 사대부 건축과 지방 관공서에서도 소요량이 많았기 때문이다. 특히 조선 초에는 도성 내 화재 예방을 위해 기와 사용을 권장했었다. 따라서 가마도 도성과 지방을 가리지 않고 여러 곳에서 운영된 것으로 보인다. 중앙 행정체계 안에 담당 부서를 뒀고, 필요시 별도 가마를 운영했으며, 지방은 공사장 인근에 가마를 만들고 기와를 현지 생산 조달했다.

조선시대 국가에서 필요한 기와는 '와서'에서 구웠다. 와서는 한성부(지금의 서울시) 용산 동쪽에 있었다. 기와에 사용된 진흙이 풍부한 언덕이 이곳에 있었다고 한다.[1] 도성 내 건축공사에 사용한 기와는 이곳 장인들에게 비용을 지급하고 공급받았다. 또 중앙에서는 필요할 경우 도감(공사 시행청 같은 곳)이 별도 가마를 설치해 기와를 굽기도 했다.

---
1 〈영건의궤-의궤에 기록된 조선시대 건축〉 p149(동녘, 2010)

도성이 아닌 수원 화성 공사에서는 한양에서 납품이 어려워 공사장 인근 '왕륜면'에 따로 아홉 개의 가마를 두고 직접 구워서 사용했다. 20세기 초 경운궁(지금의 덕수궁) 중건에서는 기와 상인에게 사서 썼다고도 한다.[2]

조선시대에는 궁궐과 중앙 관공서만이 아니라 일반 사대부 건축이나 향교, 서원, 감영 같은 지방 건축들에도 기와가 다량 사용됐다. 그러니 가마는 어느 한 곳에 국한되지 않고 전 지역에서 일상으로 만들어 운영된 것 같다.

그런데 이처럼 조선시대까지 널리 운영된 전통 가마는 한동안 사라졌다가, 비교적 최근에 와서야 다시 복원됐다.

---

2 같은 책, p227.

기와 굽는 가마 (2022. 10. 장흥)

근현대기의 단절

기와를 포함해 전통 건축의 재료와 기법은 근현대기에 큰 부침을 겪었다.

근대화 이전까지 폐쇄적인 분위기 속에 오랫동안 관습적 틀을 유지하던 건축은 조선 말기에 급격한 변화를 맞았다. 개항기와 일제 강점기에 외래 건축이 빠르게 유입되면서다. 이 시기 짧은 기간 동안 시멘트와 벽돌, 콘크리트 건물은 물론, 경량목구조와 석조건물 등 유럽의 건축양식이 곳곳에 들어섰다.

'양옥'과 구별 짓는 '한옥'이라는 용어가 생긴 것도 이때였다.

이 시기 새로운 건축의 유입은 자연스럽지만, 내국인의 주도적 참여가 불가능한 강압적 조건에서 건축 인력과 기술이 이원화하는 부작용이 컸다.

해방 이후 산업화 시기가 되자, 도시의 한옥 신축공사는 거의 없어졌다.

대지는 넓게 차지하면서 층고는 제한적인 한옥은 도시

에 적합하지 않았다.

대도시 중심 산업사회는 자원과 인구의 집적과 집중, 산업시설의 급증을 특징으로 한다. 새로운 변화에 뒤처진 이전 시대 건축양식이 다른 것으로 대체·소멸하는 과정은 건축 자체의 역사이기도 했다.

결국, 도시에서 한옥이 사라지자 수제 한식 기와 수요도 없어졌고, 가마는 소멸했다.

대체 기와

분산적인 소규모 주택이 유지된 지방에서도 사정은 별로 다르지 않았다.

'촌집'으로 불리는 시골의 오래된 민가들은 조선 말기의 한옥과 같은 구조다. 산업화 당시 여기서도 저렴하고 튼튼한 시멘트 기와가 초가지붕을 대신하며 인기였다. 이시기 새로 지은 한옥도 한식 기와보다는 시멘트 기와가 대세였다.

수제 한식 기와가 그나마 명맥을 이어온 분야는 문화재 건물의 보수공사였다. 그러나 시간이 지나면서 여기서도 새로운 변화가 생겼다. 자동화 설비로 흙을 가공해 한꺼번에 많은 양을 찍고, 전자 히터로 구운 '공장제 기와'가 수백 년 된 건물에 올려지기 시작했다. 사찰이나 문화재 주변 시설로 신축하는 건물들은 예외 없이 공장제 기와가 사용됐다.

이 같은 변화가 수십 년 동안 굳어지자, 수제기와는 한옥 신축 현장에서도 볼 수 없게 됐다.

사라져가는 수제기와 제작기능 보존을 위해 국가무형문화재 제와장으로 한형준 선생이 지정된 것이 바로 이 시기인 1988년이다.

그러나 이미 건축 현장에서 수제기와의 수요가 끊긴 상태여서 당시 한형준 제와장도 건축재로써 기와 생산이 아닌, 기능 전수 목적의 "공방"처럼 가마를 운영했다고 한다.

전통 가마로 구운 수키와. 부연 목탄 재가 앉아 있다. (2022. 10. 장흥)

Episode 3.
되살린 가마

숭례문 지붕 위에 놓인 잡상. 소실 전. (한국문화재재단 사진자료.)

다시 소환된 수제기와

수제 기와를 다시 소환한 장본인은 아이러니하게도 공장제 기와였다.

문화재 건물에 썼던 공장제 기와가 시간이 흐른 후 문제를 일으켰기 때문이다. 수제 기와를 퇴역시킨 공장제 기와가 이번엔 부활의 계기를 제공한 것이다.

공장제 기와는 장점이 많다. 충격에 강하고 겨울철 동파를 견디는 내구성도 우수하다. 대량생산 되니 가격도 저렴하다.

반면, 무게와 획일적인 색상은 공장제 기와의 단점이다.

기계 설비의 압착력으로 성형한 공장제 기와는 손으로 만든 기와에 비해 비중과 밀도, 강도가 높아진다. 이 때문에 수제기와 보다 30%가량 무겁다.

전자 설비로 구워서 색깔도 전통가마의 은은한 색감과 달리 획일적인 짙은 검정이다.

물론, 이런 단점은 목재 규격을 키워 무게 부담에서 자유로운 신축 한옥에는 문제가 되지 않는다.

부활의 계기

그러나 수백 년 된 문화재 건물에서는 사정이 달랐다. 오래되고 낡은 건물 뼈대를 그대로 둔 채, 갑자기 지붕 무게를 30% 남짓 늘려놓자 부담이 된 것이다. 당장은 눈에 보이지 않지만, 장기적으로 구조 변형의 원인이 됐고, 시간이 지나자 여러 건물에서 증상이 나타났다.

눈에 잘 띄는 외관의 변화도 지적됐다. 은은하고 고풍스러운 지붕이 색을 칠한 듯한 짙은 검정으로 바뀌자 문화유산 원형 유지에 부합하지 않는다는 비판이 일었다.

결국, 10여 년 전 숭례문 복원공사를 계기로 수제 기와가 재공급된 것이다.

전통가마도 이때 다시 복원됐다.

잡상_ 지붕 위에 놓이는 장식기와. 김창대 제와장 작품. (2022.10. 장흥)

숭례문 복원공사

2008년 화재 후 5년 동안 진행된 숭례문 복원공사는 문화재 보수 기준이 업그레이드하는 전환점이었다.

당시는 문화유산의 사회적 가치가 재조명되고 관련 정책 정비가 한창 무르익던 때다. 1999년 생긴 문화재청이 2008년 독립 청이 됐고, 문화재 보수에서 재료, 기법의 원형 유지 같은 기준도 정교하게 다듬어지고 있었다.

더구나 그때는 숭례문 화재로 사람들이 느낀 당혹감만큼이나 복원에 쏠린 사회적 관심도 매우 높았다.

이런 배경에서 화재 전 원래 숭례문에 있던 기와 복원은 당연시됐다.

문제는 공급체계였다. 문화재 보수 복원의 기본 원칙은 재료, 도구, 기법, 양식의 원형 유지다. 국가무형문화재 제와장이 있으니 다른 건 별문제 아니지만, 핵심 생산시설인 가마가 문제였다. 당시 한형준 제와장의 가마는 젊은 시절 일을 배우던 때부터 이미 일반적으로 사용된 '감투 가마'였다. 사극에 나오는 대신들의 '감투'처럼 생겼다 해서 쓰인

이름인데, 이 가마는 조선시대 유례가 없던 일본식으로 알려져 있다.

결국, 숭례문 기와 복원을 맡은 한형준 제와장과 당시 그의 전수 조교 김창대 현 제와장은 기와를 만들기 위해 먼저 가마부터 복원해야 했다.

등요 가마 복원

김창대 제와장의 장흥 등요가마 (국가무형문화재 제와장 자료사진)

한반도에서 오랫동안 사용된 가마는 앞뒤로 길게 원통형 동굴처럼 생긴 '등요 가마'다.

경사 지형에 설치해 앞쪽 아궁이는 낮게 뒤쪽 굴뚝은 높인다. 내부에 기와를 적재하고 앞에서 넣은 장작불의 화기가 가마 속을 통과해 높은 지대의 굴뚝으로 빨려 나가는 구조다.

크기가 작고 내부 공간이 좁은 감투 가마에 비해 등요 가마는 한꺼번에 많은 양의 기와를 구워낼 수 있다.

등요 가마의 복원에는 김창대 제와장의 활약이 컸다.

김창대 제와장은 2009년에서 2010년까지 숭례문 기와 복원을 위한 프로젝트에 참여했다. 특히, 문화재청이 발주한 전통 기와 가마 복원 사업 총괄연구원으로 가마 복원에 기여가 컸다.

당시 연구팀은 등요 가마 복원을 위해 전국의 가마터 발굴지를 조사 연구했다. 190개 가마터의 특징을 자료 조사한 후, 20곳은 현장 조사했고, 연구 결과에 바탕 해 남양주 호평에 복원 가마를 짓고 실증을 거쳤다.

숭례문 기와 복원을 위한 가마는 마침내 2010년 10월 첫 불을 땠다. 가마 복원은 성공적이었다. 한형준 제와장이 불을 통제하며 소성 온도를 맞췄고, 생산된 기와는 질이 매우 좋았다. 문화재청의 검증실험을 통과해 2011년 1월부터 숭례문 기와가 본격적으로 생산된 것이다.

등요 가마 복원은 문화재 건물에 수제 기와를 다시 공급하는 전환점이 됐다.

Stage 3.

"인간문화재" 제와장들

Episode 1.
한형준 제와장

한형준 제와장은 1988년 국가무형문화재에 지정된 후 2013년 작고할 때까지 단 한 사람의 국가 지정 제와장 기능 보유자로, 수제 기와 제작기법을 이었다. 10대 시절부터 기와 일을 배운 선생은 전남 장흥군 안양면 소재 기와 공장에서 40년 넘게 기와를 만들었다.

한형준 제와장이 국가무형문화재로 지정되던 당시만 해도 수제 기와를 만들던 장인은 더 있었다고 한다.

그러나 제작기법과 생산시설을 함께 갖춰 유지된 곳은 이곳뿐이었다고 전한다.

한형준 제와장은 1950년대 전후 기와 일을 시작했다.

당시는 시멘트 기와가 유통되기 전으로, 논에서 흙을 캐다가 일일이 손질해서 기와를 만들고, 감투 가마로 구워냈다. 이때는 일이 많아서, 수입도 좋았다고 한다.

1970년대를 지나면서 수제 기와 수요가 사라짐에 따라 제와장이 속한 공장도 시멘트 기와를 생산했다.

한형준 제와장의 수기와 성형 작업. 기와에 문양을 넣고 있다.
(김창대 제와장 제공)

선생이 무형문화재로 지정되던 1980년대 후반에는 이미 건축 현장에 수제 기와 납품이 거의 끊긴 때였다.

제자 김창대 제와장이 스승과의 첫 만남을 회상한 1990년대 후반의 한형준 선생은 기와 제작보다는 기능 보유자로서 가마의 명맥만 유지하고 있었다.

다리

그러나 다시 상황이 바뀌고, 수제기와 대량 공급 프로젝트가 시작되자 "가마의 명맥만 유지"하던 기능 보유자의 진가도 드러났다.

김창대 제와장이 전하는 한형준 선생의 불 다루는 솜씨는 놀라웠다.

가마에 불을 넣는 능력은 제와장이 갖출 가장 중요한 기능이다.

여기서 삐끗하면 애써 만든 기와를 못 쓰게도 되고, 정성을 쏟아야만 양질의 기와로 완성된다.

김창대 제와장은 스승이 잡목을 때면서도 기와 소성에 필요한 1,000℃ 내외의 고온을 맞춰내고, 자유자재로 화력 조절하는 모습에 탄복했다고 한다.

한형준 제와장은 제자 김창대 선생과 함께 숭례문 기와를 복원함으로써 국가지정문화재 건물에 수제 기와가 다시 사용되는 전환점을 만들었다.

선생은 조선 후기기법이 통용되던 어린 시절 기와 제작 기능을 체득해, 오늘 다시 재현될 수 있도록 다리를 놓은 장본인이다.

김창대 제와장이 '취두'에 용 조각 중이다. 취두는 궁궐 등 격식 높은 건물의 지붕 용마루 양 끝에 올리는 장식기와다. (김창대 제와장 제공)

Episode 2.
김창대 제와장

새로운 세대 장인

김창대 제와장은 한형준 선생이 작고한 2013년 이후 장흥 가마를 잇고 있다. 한형준 제와장의 기능 전수를 인정받아 2019년 국가무형문화재 제와장이 됐다.

김창대 제와장은 새로운 세대 무형문화재 기능 보유자의 등장을 상징한다.

이는 단순히 1세대 보유자의 고령화와 별세에 따른 자연적 세대교체만은 아니다. 전 세대가 젊은 시절 널리 쓰이던 기능의 사회적 소멸과정에서 보존 역을 맡았다면, 새 세대는 희소성을 알고 찾아와 기능을 배운 후 확장하려 한다.

입문

김창대 제와장이 국가무형문화재 기능 보유 자격을 계승한 것은 단지 운만은 아니다. 열정과 성실한 노력에 행운이 따른 결과 같다.

20대 시절 고등학교 도자기 교사로 근무하던 김 제와장은 기와를 배우려고 하던 일을 접고 한형준 선생 가마에 찾아가 문하생이 된다.

김창대 제와장이 암기와 성형 후 문양을 넣고 있다. (김창대 제와장 제공)

공예학교에서 도자기를 배운 김창대 제와장은 기능경기대회 입상 후 모교에서 11년간 공무원 신분으로 실기를 가르쳤다. 1997년, 제와장을 조명한 다큐멘터리를 보고 기와에 관심을 뒀고, 이듬해 장흥 가마에 방문한 김 제와장은 직장을 휴직하고 스승의 거처에 내려와 생활하기도 했다. 학교 근무로 주말과 방학을 이용해 잠깐씩 머물고 가다가 결국 직장을 접고, 2003년부터 장흥에 살며 본격적으로 일을 배웠다. 벌써 25년째인 기와 장인의 삶은 이렇게 시작됐다.

기능과 이론 결합

김창대 제와장은 숙련된 기능 보유와 함께 이론적 역량도 갖췄다. 문화유산을 보는 가치관이 뚜렷하고, 시야도 넓어 보였다.

10년 넘게 도자기를 해온 김 제와장은 흙과 가마에 나름 자신했다. 그러다가 스승의 '불 내공' 앞에 자만을 비우고 기초부터 배우고자 노력했다. 한형준 제와장의 흙손질과 기와 굽는 법을 익히는 데 매진했다.

김창대 제와장은 기와 제작기법을 숙련하는 한편 문화재청이 설립한 한국전통문화대학교에 진학해 체계적인 이론과 실무 교육도 거쳤다.

2009년 한형준 제와장 전수 조교를 거쳐 2019년 제와장이 됐으며, 현재 한국전통문화대학교에 객원교수 자격으로 출강한다.

가마 복원, 숭례문 기와 제작

김창대 제와장은 스승과 함께 숭례문 기와 제작 전 과정에 주도적으로 참여했다. 특히, 가마 복원 프로젝트 총괄연구원 자격으로 조사연구를 주도했고, 2011년 숭례문 복원 기와를 제작 납품했다.

그 밖에 대표적으로 창덕궁 부용정, 창경궁 숭문당, 종묘 정전, 구례 운조루, 종묘 재실의 기와를 작업했다.

김창대 제와장은 최상의 기와 제작기능과 더불어 관련 이론도 겸비한 새로운 세대 장인이다. 문화유산을 보는 가치관이 개방적이고, 열정도 넘친다.

새 세대 장인이 이끄는 장흥 가마의 앞날이 밝아 보인다.

김창대 제와장은 스승이 놓은 수제기와 '소멸'과 '회생' 사이의 연결 다리를 건너 부활을 이끄는 장본인이다.

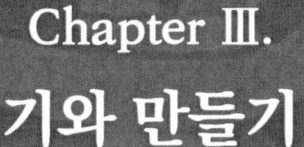

Chapter III.
기와 만들기

한형준 제와장이 수기와를 만들고 있다. (김창대 제와장 제공)

한눈에도 지붕 위에 보이는 기와 양은 적지 않다. 바닥에 놓인 넓적한 암기와는 두세 겹씩에, 켜켜이 쌓은 지붕마루는 높고 길다. 지붕에는 생각보다 훨씬 많은 기와가 올라간다. 김창대 제와장이 근래 작업한 종묘 정전 지붕에는 총합 7만 장쯤 들었다고 한다. (물론, 종묘는 정전만 19칸짜리인 특별한 건물이다.)

기와 한 장이 완성될 때까지는 대략 한 달에서 한 달 보름쯤 걸린다.

낱낱의 기왓장은 섬세하고, 복잡하고, 힘들고, 기나긴 여러 공정을 거쳐야 완성되는데, 그 많은 양을 구워낼 일을 생각하면 아득하다.

구경꾼

그러나, 새삼 존경스러운 작업자들과 제와장의 노고는 노고인 것이고, 구경하는 사람은 구경꾼이다. 기와 만드는 공정은 매우 흥미롭다.

문화재 답사 때 누구나 한 번쯤 품었을 궁금증이 풀리는 재미도 있다.

흙을 파와서 손질하고, 기와 형태로 빚은 다음 가마에 넣고 구워내는 전체 제작 공정은 제각기 성격이 다른 십수 단계의 연속 작업으로 이뤄진다.

여기서는 그냥 알기 쉽게 1. 기와 만들기, 2. 기와 굽기로 구분하겠다.

기와 만들기는 흙을 가공해 적당한 크기와 모양으로 '성형'하기 즉, 진흙으로 '날 기와' 만들기까지 작업이다.

기와 굽기는 잘 마른 '날 기와'를 가마에 넣고 굽는 '소성' 공정이다.

이 장에서는 첫 번째, 흙을 손질해서 '날 기와' 만들기까지 작업을 세부 순서에 따라 소개한다.

Stage 1.

재료 준비
흙가공

Episode 1.

흙 채굴 배합

김창대 제와장은 기와 제작 공정에서 흙과 불이 가장 중요하다고 꼽았다.

장인이라면 흙을 손질해 최적의 기와 흙 판을 만들 줄 알아야 한다. 불을 조절할 수 있다면 가마를 차려도 된다고도 했다.

기와 재료인 흙은 기와의 내구성과 질감을 결정한다.

만들어진 흙 판으로 기와 성형하는 일은 어렵지 않게 익

기와 흙 판 만들기_재료 준비 완료. (김창대 제와장 제공)
흙 손질 후 다무락(담)을 쌓고 쨀 줄(철사)을 사용해 기와 두께로 잘라 놓았다.
이 흙 판으로 성형 틀에 감아 기와를 만든다. 작업에 사용된 도구들이 보인다.

힐 수 있다고 한다.

 그러나 흙을 손질해 기와 성형에 쓸 판으로 만드는 일은 오랜 반복 작업으로 숙련한 높은 기량이 필요하다. 재료 준비 실력이 내공인 셈이다.

채굴

조선시대 기와 흙은 가마 인근 논밭이나 야산에서 점토를 파다가 썼다.

기와 흙은 도자기하고는 다르다. 도자기는 얇다. 손으로 만지며 사용하므로 표면도 매끈하다. 이를 위해 도자기 흙은 고운 분말로 만들어 이물질을 제거하고 정제하는 과정을 거친다.

반면, 두꺼운 건축 외장재인 기와에는 비교적 구하기 쉬운 점토가 사용됐다.

점토는 지름 0.01mm 이하로 암석이 분해된 흙이다. 석영이나 장석 성분이 들어있다. 물 반죽하면 찰지고, 구우면 단단하게 굳는 성질이 있다.[3]

과거 장인들은 되도록 모래질이나 유기물 함량이 적고, 점성이 좋은 점토를 골랐다. 질 좋은 흙을 찾아 가까운 곳에 가마를 짓고 기와를 굽기도 했다.

---
3 〈한국건축대계 Ⅵ. 瓦〉, p104. 장기인, 보성각.

김창대 제와장이 흙 배합하는 모습 (김창대 제와장 제공)

 채굴해온 흙은 상당 기간 야외에 둬서 자연스러운 풍화 작용을 거친다. 눈비를 맞히고 햇볕과 공기에 노출해 덩어리 흙을 자연균열 시킨다. 겨울철 얼고 녹기를 반복하면 풍화가 촉진된다. 풍화 기간은 길수록 좋은데 보통은 2개월 남짓했다. 점토에 섞인 큰 덩어리를 골라내고 암석질 원료는 가루로 분쇄한다.[4]

---
4 같은 책, p107.

배합

풍화된 점토를 반죽하기에 앞서, 서로 다른 성질의 흙을 섞는다. 점성이 강하면 고운 모래나 다른 분말을 섞어 조절한다.

흙 성분에 따라 기와 강도와 색상이 달라진다. 그러니 배합작업이 중요하다.

흙 배합에는 유기물이 많은 검은색 흙과 철분 함량이 높은 붉은색 흙 등 5가지를 사용한다. 기와 흙에 섞인 성분에 따라 고온에서 구울 때의 화학반응이 다르고 완성품 색깔도 차이가 생긴다.

스승 한형준 제와장으로부터 전수한 김창대 제와장은 스승의 경험치와 조선시대 장인들이 흙을 다뤄온 방법을 깊이 연구해서 자신의 방법을 확립했다.

특히, 숭례문 기와 제작은 전환점이었다.

"숭례문 기와를 작업할 때 새로운 시도를 했다. 이전에 쓰던 방식에서 한발 나아갔다. 마사토 계열, 사질(석영질), 유기물이 많은 흙, 철분이 많은 흙 등이 적당한 비율로 섞여야 좋은 흙이다. 마사토는 화강암이 풍화된 것이지만 운모 등이 포함되지 않고, 흰색 성분이 많아야 한다. 유기질은 점성과 관련 있다. 흙을 잡아주는 역할을 한다."

"철분이 중요한 이유는 낮은 온도에서 기와가 익도록 도와준다. (철분이 열전도율을 높여 고온 소성 시 유기질과 다른 성분이 화학 반응하는 '녹는점'을 낮춘다.)
철분의 함유량이 많은 붉은 색 흙을 섞어 배합하는 것도 이 때문이다."

- 김창대 제와장 인터뷰(2022. 11.)

김창대 제와장은 숭례문 공사를 계기로 흙이 중요하다는 사실을 절감했다고 한다. 그전까지는 문화재 현장 납품이 거의 없었고, 소량의 흙만 다루다가 숭례문 공사에서 대량생산 하려니 시행착오가 있었다.

그런 점에서 숭례문 작업은 스승을 통해 전수한 이전 기술에서 한 발 나아가는 계기가 됐다.

Episode 2.
흙 반죽, 흙 벼늘 쌓기

반죽하기

먼저, 쇠스랑 같은 연장을 이용해 뒤적이며 이물질을 골라내고, 발로 밟거나 도구로 쳐서 짓이긴다.

그런 다음 진흙에 적당량의 물을 섞어 반죽한다. 이를 흙을 '이긴다'라고 하는데, 흙의 질척이는 정도를 봐가면서 다른 성분의 흙을 섞어 조절하기도 한다.

조선시대에는 흙을 이길 때 소를 끌고 다니며 섞기도 했다. 관청이 기와 굽는 '제와소'에 주는 기와 대금에 소 먹일 여물 값을 포함해 지급한 기록이 전한다.

현재 장흥 가마에서는 흙 채굴 작업을 직접 하지 않고 필요한 흙을 업체에 주문해서 사용한다. 과거에는 흙을 파다가 직접 가공했지만, 지금은 작업량이 많아 시간이 부족하기 때문이다. 이곳의 하루 흙 사용량은 1.5 톤 정도 된다.

적은 인력으로 제작물량 맞추기가 빠듯해서 채취까지 직접 할 여력이 없다.

발 반죽하기. (김창대 제와장 제공)

그래서 장흥 가마의 흙 작업은 배합과 반죽에서 시작된다. 흙이 들어오면 적합한 성분비에 맞게 배합한 후 반죽한다.

반죽은 적당량씩 나눠서 동심원을 그리듯 발로 질근질근 밟아서 한다. 이물질을 제거하고, 흙이 잘 섞이도록 하는 것이다. 또 흙의 부위별 질은 정도를 균일하게 맞추는 효과가 있다.

흙 벼늘 쌓기

흙 벼늘 쌓기. (김창대 제와장 제공)

발로 밟은 후, 잘 이겨진 흙을 한 판 한 판 쌓아 흙 벼늘을 만든다. 벼늘은 과거 농촌에서 가을 수확 때 벼를 베서 묶어 차곡차곡 쌓아둔 것이다. 발로 이긴 흙 판 쌓은 모습이 비슷해서 사용한 말 같다.

벼늘을 쌓으면 다시 덩어리를 쨀 줄로 쪼개 옮기고, 앞의 과정을 반복한다. 쨀 줄은 철사로 된 작업 도구다. 뭉쳐진 흙을 자를 때 사용한다.

이런 과정을 거쳐 흙의 질은 정도가 균일해져야 구울 때 뒤틀림이 없다.

김창대 제와장은 재료 준비를 잘해야 기와의 변형과 불량을 줄일 수 있다고 강조한다.

Episode 3.
다무락 쌓기

다무락 쌓기. (김창대 제와장 제공)

흙 반죽이 끝나면 다무락을 친다. 다무락은 담장의 옛 방언에서 나온 말이다.

다무락 치기는 기와의 규격대로 적당한 두께와 너비를 갖춘 흙 판을 만들기 위함이다. 면이 반듯한 담장을 만들고 위에서부터 기와 두께대로 자른 다음, 기와를 성형할 때 한 장씩 가져다 쓴다.

보통 다무락 높이는 1m 내외, 너비는 40cm 정도하고, 길이는 현장 소요량에 맞춰 정한다.

반죽한 흙덩이를 붙여가며 다무락을 쌓을 때는 빈틈 없도록 밟아가며 일체화한다.

담 형태로 이어 붙인 다음 나무 연장을 사용해 반듯하게 다듬고 면을 평평하게 손질한다. 마지막으로 정해둔 치수대로 네 면을 수직이 되게 잘라 낸다.

기와 흙판 만들기. 쨀 줄로 다무락을 자르고 있다. (김창대 제와장 제공)

Episode 4.
흙 판 만들기

다무락 손질이 끝나면 쨀 줄로 한 켜씩 잘라 흙 판을 만든다. 이때 정확한 두께가 나오도록 나무 자를 가로로 받쳐 대고 두 명의 작업자가 줄을 당겨가며 자른다. 나무 자는 기와 두께에 맞게 2.5cm~3cm 간격으로 옮겨가고, 위에서부터 순서대로 작업한다.

흙 판 자르기가 끝나면 수분 증발이 없도록 비닐이나 부직포로 덮어 보양한다.

기와를 성형할 때 흙 판을 한 장씩 가져다가 사용하게 되는데 이때도 흙이 마르지 않도록 관리해야 한다.

Stage 2.

기와 만들기_성형

Episode 1.
암·수기와 만들기

김창대 제와장 가마에서는 한번 작업한 기와를 그대로 다른 건물에도 쓰는 일은 거의 없다. 문화재 건물마다 기와가 다르기 때문이다. 건물의 창건 시대마다 기와가 다르고, 같은 시대라도 기와는 건물마다 차이가 있다. 문양은 더 천차만별이다.

맞춤형 주문 제작 방식이어서, 한 번 작업한 문양 틀이나 기와 형틀은 해당 건물을 다시 하지 않는 이상 다른 곳에 쓸 일은 없는 셈이다.

그러니 매번의 작업이 새로울 수밖에 없고, 건물마다 모든 공정을 처음부터 다시 시작해야 한다.

기와 형틀과 문양 틀 만들기

제와장 전시관에 진열 된 막새기와 용문양 조각 (2022.10. 장흥)

기와 형틀

기와 성형에 앞서 기와의 크기에 맞게 암기와, 수기와 별로 각각 기와 형틀을 만든다. 기와 성형 틀 만들기다. 이 형틀에 흙 판을 둘러서 성형하게 된다.

기와 규격은 대·중·소로 나뉘는데, 시대별 차이도 있다. 고대에서 후대로 올수록 조금씩 작아졌다. 또 같은 시대 같은 규격이라도 표준화 체계가 완비되지 않은 옛날이니, 크기 차이가 있다. 결국, 기와 크기와 두께는 건물별로 다르다. 그래서 매번의 기와 복원마다 새로운 기와 형틀을 만든다.

문양 틀

원래 기와에 있던 문양을 새로 제작할 기와에 옮겨 넣는 형틀도 만든다.

기와는 낱낱의 장마다 문양이 있다. 암기와, 수기와는 기와 등에 빗살 모양의 무늬가 있고, 지붕 끝 막새기와 머리에는 다양한 형상의 조각 문양이 있다.

이 문양들은 기와를 성형할 때 그대로 옮겨 넣어야 한

다. 이를 위해 원래 기와의 문양을 나무 채나 판에 옮겨 새기는 작업을 미리 하는데, 문양 틀 만들기다.

암기와, 수기와 등 문양은 나무 채에 새겨서 성형된 기와에 두드려 넣는다. 막새기와 문양은 크게 그대로 나무판에 새겨서 손으로 눌러 찍어 넣는다.

따라서, 문양 형틀은 암기와 등 문양 채, 수기와 등 문양 채, 암막새 문양 틀, 수막새 문양 틀을 각각 따로 만든다.

자문회의

틀을 만드는 작업은 제와장이 직접 한다. 기와 제작 작업이 시작되면 맨 먼저 실측 자료와 현장 조사에 근거해 치수대로 각각의 형틀을 만든다.

원래 있던 기와 문양을 복원하는 이 작업에는 긴 시간이 소요된다.

문양 조각은 보통 3일에서 4일, 길어도 1주일쯤이면 끝난다. 그러나 엄밀한 고증과 검증을 위한 자문회의 절차가 길고 그 횟수가 많아서 생각보다 오랜 시간이 걸린다.

문양과 기와 크기대로 만든 샘플이 문화재위원회 자문

회의를 통과하면 시범 생산, 시공품, 와통 제작, 본 제작 순으로 일이 진행된다.

서울 종묘 공사의 경우 이 절차가 모두 끝나기까지 5개월이나 걸렸다.

암기와 형틀_와통

암기와 형틀_와통 (2022.10. 장흥)

한 지붕에 올라가는 기와는 당연히 규격이 같아야 한다.

이를 위해 원형조사 한 내용에 따라 암기와 형틀(와통)을 만든다. 와통에 기와 흙 판을 감아서 한 장 한 장 만들면, 암기와는 모두 한 치수가 된다.

와통 작업 한 번으로 암기와 4장을 만들 수 있다.

와통 외면에 일정한 간격으로 돌출한 선은 건조 후 기와장을 쉽게 나눌 수 있게 한 홈 선이다.

지붕 바닥에 놓는 넓적한 암기와는 세로로 긴 직사각형이다.

치수는 대략 가로 27~42cm 내외, 세로 30~45cm 내외다. 두께는 2.5~3cm쯤 된다. 대 중 소 규격이 있고, 시대와 건물별 차이가 있다.

건물마다 기와 규격이 달라서 매번 작업마다 와통도 새로 만들어야 한다.

성형

암기와 성형_제와소 직원들의 작업. (김창대 제와장 제공)

와통에 삼베를 두르고 흙 판을 감아 암기와를 만든다.

삼베 헝겊은 성형 후 흙 판이 쉽게 분리되도록 물 축여 감는다.

흙 판을 감아 맞댄 면은 꼼꼼하게 다져 붙이고, 겉면은 매끈하게 다듬는다.

암기와는 아래쪽 너비가 위쪽보다 1cm 내외 크다. 성형 후 암기와를 와통에서 들어 올려 빼내기 쉽도록 한 조치다. 또, 지붕에서 기와 겹 잇기로 2~3겹 씩 포개 이을 때 이 크기 차이 덕분에 위아래 기와가 밀착한다.

무늬 넣기

암기와 무늬 새김. (김창대 제와장 제공)

성형이 끝나면, 표면을 방망이로 두드려 다듬는다. 축 처지거나 바르지 못한 부위를 두드리면 평평하고 단단해진다.

물기가 약간 걷히고 나면 암기와 등 문양 채를 두드려 암기와 겉면에 무늬 새김 한다.

수기와 성형

수기와 형틀_모골 (2022. 10. 장흥)

수기와는 짝을 이루는 암기와 규격에 비례해서 만든다. 지름은 암기와 너비의 절반, 길이는 암기와 너비와 같거나 조금 길다.

형틀(모골)에 젖은 삼베를 씌우고 흙 판을 감아 성형하기는 암기와 만들기와 같다. 한 번의 성형으로 두 장을 만든다. 건조 후 기와를 떼어내기 쉽게 하는 절개선은 두 개다.

수기와도 밑의 지름이 위보다 6mm~10mm 크게 한다. 위에 물림 턱(언강)을 만든다. 지붕에서 아래 기와의 언강에 윗 기와가 올라가 서로 물고 물린다.

성형이 끝나면 나무 채로 두드려 다듬고 무늬를 넣는다.

Episode 2.

막새기와

수막새 기와 (2022.10. 장흥)

지붕 끝 기와

막새기와는 지붕 끝 선에 설치된 기와다. 암기와는 암막새, 수기와는 수막새다.

기와 끝에 모자챙처럼 덧붙인 '드림'이 있어 일반 기와하고 구분된다.

막새기와에는 두 가지 기능이 있다.

실용적 기능으로, 암막새 드림은 지붕에서 흘러 내리는 빗물이 모여 떨어지는 끝 점이다. 수막새는 기와 속 흙이 유실되지 않게 잡아주고 빗물의 침투를 막는다.

미관상 기능으로, 막새기와는 지붕 끝 선을 정돈하고 꾸민다.

막새기와에는 각종 문양을 새겨 지붕을 돋보이게 한다.

일반 기와에 없는 막새기와의 또 다른 특징은 뒤쪽 끝에 뚫어놓은 구멍이다.

막새기와는 지붕 끝에 돌출되니 태풍이나 폭우, 폭설에 대비해 단단히 고정한다. 미리 뚫어놓은 구멍에 동선을 묶고 와정(기와 못)을 매달아 지붕 흙 속에 묻어 고정한다.

수막새 만들기

수막새 형틀 (2022. 10. 장흥)

막새기와 제작은 비교적 간단하다. 이미 성형이 끝난 일반기와 앞쪽 끝에 드림을 붙이면 되는 일이다.

수기와 성형 후 어느 정도 물기가 걷히면, 수막새 형틀에 수기와를 놓고 드림을 만들어 붙인다.

수막새 형틀은 수기와가 거치되도록 기와 크기와 곡률에 맞춰 제작한다. 위쪽에는 드림의 각도로 경사를 설정한 작업대가 있다.

수막새 만들기. 제와장 공개행사 참가자의 체험 모습. (2022.10. 장흥)

막새 문양은 해당 건물에 원래 있던 것과 같게 제작한 목형 틀로 찍는다.

나는 지난해 10월 제와장 기능 공개행사에서 막새기와

제작 체험을 했다. 흙판을 이어 붙이고, 문양 틀을 누르는 간단한 공정이지만 손이 많이 간다.

수막새는 삼국시대부터 글자, 꽃, 새, 풀 등 종류를 특정할 수 없게 다양한 문양으로 꾸며졌다. 드림의 기울어진 각도는 고대는 직각에 가깝고 조선 후기로 올수록 경사가 비스듬하게 완만해진다.

암막새 드림 달기

김창대 제와장이 체험행사 참가자가 실습한 암막새를 다듬는다.
(2022. 10. 장흥)

암막새 거치대는 수막새처럼 기와 규격과 경사에 맞게 제작한다.

거치대에 암기와를 고정하고 위쪽 드림 이어붙일 자리는 비스듬하게 자른다.

접착 부위에 묽은 찰흙을 바르고 흙 판을 이어붙인다.

드림에 문양틀을 눌러 무늬가 돋아나게 한다.

국가무형문화재 제와장 기능 공개행사에 갔던 나는, 막새기와 만들기를 만만하게 봤다가 흙 판 이어 붙이기가 쉽지 않아 어쩔 줄 몰랐다.

나와 다른 체험자가 만든 어설픈 막새기와를 김창대 제와장이 다듬어 완성했다.

Episode 3.
장식기와

장식기와는 지붕 위에 설치한 기와 중에 구조 기능 목적이 아닌, 꾸밈 용도로 만든 기와의 총칭이다. 이 기와들은 화마(화재)를 막아주고, 액운(불행)을 물리치며, 행운을 기원하는 의미로 설치한 일종의 상징물이다.

잡상

대표적인 장식기와는 추녀마루 끝에 작은 형상을 줄지어 놓은 잡상이다.

잡상은 〈서유기〉의 삼장법사, 손오공, 저팔계, 사오정과 상상의 동물을 묘사한 것이다. 잡상의 개수는 건물의 규모와 위상에 따라 7개, 9개, 11개 등으로 나뉜다. 궁궐 내 주요 전각이나 왕릉 같은 유교 건축에 널리 쓰였다.

잡상_ 대당사부(삼장법사). (2022. 10. 장흥)
지붕 추녀마루에 올려진 잡상 중 맨 앞에 놓이는 상. 서유기의 삼장법사를
형상화한 것. 김창대 제와장 복원.

잡상_ 장식기와. (2022.10. 장흥) 지붕 추녀마루에 설치. 삼장법사, 손오공, 저팔계, 사오정과 상상 속 짐승들을 형상화한 것. 김창대 제와장 복원.

취두

취두는 지붕 용마루 양 끝에 설치된 장식기와다.

지붕 꼭대기에 좌우로 낮은 담장처럼 길게 기와를 쌓아 만든 선이 용마루다. 취두는 그 양 끝에 설치해 끊어지는 부위를 마감 장식하는 기와다.

고려시대 이전까지는 같은 위치에 취두 대신 '치미'가 쓰였다. 치미는 상상 속 동물의 꼬리 형상인데, 화재와 불운을 막고 건축을 보호하는 상징이다.

취두_ 장식기와. (2022.10. 장흥)
지붕 용마루 양 끝에 설치. 용머리 형상. 김창대 제와장 복원.

취두와 치미 외에도 지붕에는 용머리 모양의 '용두', 용의 얼굴(또는 도깨비 얼굴)로 설명되는 '귀면' 등이 쓰인다. 뜻하는 의미는 모두 비슷하다.

김창대 제와장은 장식기와 제작 경험이 풍부하다. 숭례문의 잡상을 비롯해 취두, 용두, 토수(지붕 모서리에 삐져나와 빗물 피해가 잦은 '사래'의 목재 부식을 막기 위해 씌운 기와) 등을 복원했다.

장식기와 제작은 소요량이 적고 숙련된 기능이 필요하니 제와장이 직접 한다. 원형대로 조각하는 작업에 상당한 솜씨가 필요하다.

Stage 3.

기와 건조

Episode 1.
음지 + 양지 건조

점토로 성형한 기와는 많은 양의 수분이 함유되어 있다. 기와 안에 있는 수분을 제거해야 기와 소성이 잘 된다.

점토로 막 빚은 기와에는 20%~25%의 수분이 함유되어 있다. 함수율이 8% 정도로 낮아질 때까지 건조한다.

성형이 끝난 기와는 그늘에서 적당히 건조 시킨 다음 햇볕에 말린다. 과거에는 그늘 건조로 수분이 반 이상 마르면

암기와 건조 (김창대 제와장 제공)

햇볕에 널었다.

　음지 건조를 천천히 해서 표면이 어느 정도 마르면 양지에서 말린다.

　김창대 제와장의 장흥 가마에서는 빗물 피해를 막으면서도 채광이 가능한 비닐하우스 안에서 건조 시킨다. 물기가 많은 제작 직후에는 부직포 같은 가리개를 덮어 수분의 급격한 증발을 늦춘다.

Episode 2.
낱장 건조

기와의 건조 정도를 체크 하다가 1차 건조가 적당히 되면, 암기와는 4등분하고 수기와는 반으로 떼어내서 지면에 세워놓거나 건조대에 걸쳐 건조한다. 세워놓을 때는 덜 마른 쪽이 위로 가게 세운다.

날기와 건조_ 물기가 빠지고 어느 정도 마르면 낱장으로 분리해서 본격적인 건조를 시작한다. (김창대 제와장 제공)

햇볕에 말리는 과정에서 불규칙한 변형이 발생하지 않도록 한다.

건조가 빠르면 음지와 양지 합쳐서 10일 정도 걸린다.

추운 겨울이나 비가 많은 우기에는 공기 중에 습도가 높아 건조에만 한 달이 걸리기도 한다. 또 건조 시간은 기와 크기마다 차이가 있다.

성형 완료된 기와는 말리는 동안 변형이 없도록 천천히 건조 시키는 게 중요하다. 건조가 잘돼야 좋은 제품이 나온다.

수기와, 암막새 건조 (김창대 제와장 제공)

Chapter IV.
기와 굽기

막 구운 기와. 불 때기를 마치고 가마가 식은 후 개봉하는 장면.
(2022. 10. 장흥)

Stage 1.

손베이어 벨트

첫 만남

가마에 도착하니, 사람들은 요출(기와 꺼내기) 작업 중이었다.

기와 굽기(소성) 체험에 간 건데, 마침 며칠 전 한 차례 소성이 끝나, 생각지도 못한 요출 먼저 보게 됐다.

직원들과 학생(전통문화대학교), 체험행사 참가자들이 시커먼 재를 뒤집어쓴 채 일에 열중하고 있었다. 가마 안에서부터 줄지어 선 작업자들은 손에서 손으로 조심스럽게 기와를 나르고 있었고, 중간에 도착한 나도 '손(컨)베이어 벨트'에 끼어들어 바로 작업에 합류했다.

곧이어 가마를 비우고 정돈한 후, 새로운 소성 준비가 시작됐다.

잘 마른 연한 황토색 '날 기와'를 가마 속에 차곡차곡 쌓았다.

손베이어 벨트가 이번엔 역방향으로 작동했다.

기와 완성 현장

기와 제작 전체 공정은 흙 준비, 기와 성형, 소성 3단계 순서로 진행된다.

채취한 흙을 반죽하고 치대서 기와 두께의 흙 판 만들기가 첫 번째다.

그다음 목재 틀에 흙 판을 둘러 매만지고 두드려서 성형 건조하는 두 번째다. 마지막 세 번째는 건조된 '날 기와'를 가마에서 굽는 소성이다.

셋 중 어느 하나 중요하지 않은 게 없지만, 기와의 내구성과 색감은 소성에서 완성된다. 건축재료로써 기와의 기본 특징은 여기서 만들어진다.

소성 중인 가마 (2022.10. 장흥)

경이로운 체험

불 때기는 하루 반나절 동안 가마 속 화학반응을 컨트롤해가며 흙의 성질을 바꾸는 일이다.

기와는 900℃~1,100℃ 일정한 온도에서 필요시간 동안 적당히 익어야 한다.

이를 위해 시간대와 적재 위치별 불 세기의 차이를 통제하고, 적정 온도가 가마 속 전체에 고르게 확보되도록 조절하기가 불 때기의 포인트다.

이 광경은 좀 과장하면 '불과의 사투'를 보는 것 같았다. 제와장의 기량이 확인되는 고비이자, 승부처로도 보였다.

기와가 익는 예민한 조건을 조절 통제하는 능력은 오랜 숙련에서 얻은 직관력이었다.

김창대 제와장 가마 불 조절 1박 2일 체험은, 경이로웠다. 힘은 들었지만.

Stage 2.

기와 쌓기

Episode 1.
불길이 흐르도록

본격적인 불 때기에 앞서, 작업자들이 그동안 만들어 둔 기와를 가마에 쌓았다.

작업자들의 기와 쌓기는 나름의 규칙이 있어 보였다. 불기의 흐름을 고려해서 기와를 적재하는 것 같았다. 가마 속 위치별로 어떤 기와를 어느 형태로 쌓을지도 미리 정해둔 룰이 있는 것처럼 일이 체계적이다.

수기와 쌓기. 특수강으로 별도 주문 제작한 거치대. (2022.10. 장흥)

실제로 가마에 기와를 적재하는 일은 아무렇게나 하지 않는다.

가마 구간별 온도 차이가 최소화되도록 불길에 막힘이 없어야 한다. 불 흐름이 원만하지 못하면 기와 구워지는 정도가 제각각이 되고 만다.

조선시대 건축 사정을 알 수 있는 궁궐건축 준공보고서 격인 '영건의궤'에는 이와 관련된 흥미로운 기록이 있다.

1805년(순조 5년) 창덕궁 인정전 공사에 납품된 기와를 조사해 보니 불량품이 많아 관계자를 문책한 내용이다.

기와가 "반은 익고, 반은 익지 않았으며 골조가 보일 정도로 불량"했다는 것이다.[5]

소성 정도가 제각각이지 않고 기와가 균일하게 익으려면 적재를 잘해야 한다.

---

5 〈영건의궤-의궤에 기록된 조선시대 건축〉 p229, 동녘, 2010

암기와 적재. 기와 사이에 흙을 비벼 끼우고 간격 띄어서 적재.
(2022. 10. 장흥)

김창대 제와장도 적재의 중요성을 강조했다.

"총 아홉 칸의 기와가 1,000에서 1,100도 내외 사이에 있어야 한다. 연소실에서 굴뚝까지 온도 차가 적고 화기가 자연스럽게 흐를 수 있도록 적재하기가 가장 중요하다."

– 김창대 제와장 인터뷰에서(2022. 11.)

김창대 제와장 가마에서는 소성 불량 방지 적재법을 체계화 한 것 같다.

가마 바닥은 아궁이 쪽이 낮고 굴뚝으로 갈수록 계단식으로 높아진다.

입구 쪽 뜨거운 공기가 높은 곳으로 치솟아 나가는 흐름을 고려한 구조다.

단 차가 있는 아홉 칸의 바닥마다 수기와와 암기와를 교대로 배치하고, 세우고 눕히기를 엇갈려서 불기가 정체 없이 흐르게 했다.

기와 간격을 띄우는데, 암기와는 각 장이 2cm~3cm씩 떨어지도록 작게 뭉친 흙덩어리를 끼워 넣었다.

수기와는 일정한 간격으로 세워서 놓거나, 중간 부분에서는 특수 제작된 철제 거치대에 띄엄띄엄 적재했다.

이렇게 함으로써 긴 가마 속에서 많은 양의 기와가 고르게 익는다.

Episode 2.
적재법 연구

장흥 가마에서 하는 적재법은 스승 한형준 제와장의 방법에 조선시대 적재법을 결합해 새로 확립한 것이다.

한형준 제와장 시절에는 문화재 현장 납품이 없었으니, 기와 대량 제작 기회도 없었다. 조금씩 구울 때는 불 흐름이 문제 되지 않는다.

그러나 숭례문 공사를 계기로 사정이 변했다. 소규모 감투 가마에서 하던 적재법을 한 번에 대량 소성하는 등요 가마에 적용하기는 무리였다.

김창대 제와장은 숭례문 기와 공급을 위한 등요 가마 복원 책임연구자로서 가마와 함께 조선시대 기와 적재 기법도 깊게 연구했다.

연구 결과 조선시대에 사용한 여러 방식의 적재법 중 경주 금장리 가마터에서 발견된 방식이 스승 한형준 제와장의 방법과 유사했다.

측면 밑에서 불을 넣으면 자연스럽게 불기가 지나가는 구조인 금장리 구조와 한형준 선생 방법을 결합해서 만든 것이 지금의 적재법이다.

Episode 3.
출입구 막기

적재가 완료되면 불 때기 준비 마지막 작업으로 아궁이와 굴뚝을 제외한 모든 출입구와 구멍, 틈서리 등을 흙 반죽으로 막는다.

기와 반입 출입구에 기와, 벽돌 등을 쌓아서 막고 바깥면에 진흙을 발라 밀폐한다.

밀폐한 출입구 상부에는 각 변 20cm~30cm 정도 사각 연기구멍을 만들어 놓았다. 이 구멍은 시커먼 매연 배출 용도인데 불 때기 마지막 단계에서 막는다.

소성 중에 불기가 새지 않게 관리해야 온도 조절이 잘 된다.

김창대 제와장은 불 때기 도중에도 한 번씩 가마 이곳저곳에 진흙 바름 했다.

온기가 새지 않고 적정 온도까지 오르도록 틈틈이 가마를 점검해 가며 그때그때 반복적으로 막았다.

김창대 제와장이 가마 출입구를 막고 있다. (2022. 10. 장흥)

불 넣기 시작 (2022. 11. 장흥)

Stage 3.

불 때기

불 때기 순서

불 때기는 말림불, 본불(초불, 중불, 대불), 막음불 순서로 한다.

말림불로 습기를 제거하고, 14시간쯤 훈증 한 다음, 저녁 7시부터 밤 12시까지 본불을 땐다.

총소요 시간은 불 때기 시작부터 끝까지 36시간, 길면 48시간 정도 걸린다.

기와가 충분히 소성되면, 아궁이에 장작을 가득 채우고 가마를 밀봉한다. 그 후 자연 냉각시켜 빠르면 48시간 늦으면 60시간 후 꺼낸다.

Episode 1.
환골탈태

Before 날기와 (2022.10. 장흥)　　After 구운 기와 (2022.10. 장흥)

기와의 재탄생

가마에서 기와는 환골탈태 급으로 변신한다.

　가마에 들어갈 때의 기와는 자연 상태 흙을 손질해 뭉쳐 놓은 덩어리일 뿐이다. 속엔 원래 흙에 있던 서로 다른 성분들이 따로 놀고 있다. 건조된 기와라 단단하지만, 충격에 약하다. 만약 이 상태로 지붕에 올리면 수십 년은커녕, 몇

해도 못 갈 것이다. 겨울에 폭설이 내리면 얼었다 녹았다 반복하면서 파손되고, 여름 폭우에 형체도 없이 씻겨 내려갈 수 있다.

가마에서 나올 때의 기와는 다르다. 그런 문제쯤은 극복한다. 2천 년 가까운 기와 편이야 깨진 조각이니 그렇다 쳐도, 학계 조사에 따르면 기와는 지붕 위에서 3~4백 년은 견딘다. 현존 문화재 건물 지붕 위 최장수 기와로는 경북 봉화에 450년이 넘은 광산김씨 종가의 기와가 있다.[6] 구운 기와는 빗물 씻김은 제로에 가깝고, 충격에 강하며, 동파 위험도 적다.

겉보기에 형체만 같을 뿐, 이처럼 기와는 가마를 거쳐 나오면서 완전히 새로운 물성을 갖는다.

---

6 〈한눈에 보는 제와〉 p83. 한국공예·디자인문화진흥원. 2018

절정에 오른 가마 불 (2022. 10. 장흥)

화학반응

기와의 특성은 자연 상태 흙에 있는 광물질과 유기질이 탄화해서 생긴다.

흙 속에는 유기질, 철, 석영, 장석, 운모 등 여러 광물이 뒤섞여 있다. 성질이 다른 물질들이 1,000℃ 고온에 타고

녹아 융합하면서 균질해진다. 기와가 구워지면서 광물의 색과 비중이 바뀌고 식을 때 서로 달라붙어 강도가 높아진다. 습해를 견디는 내구성과 동파 저항력 등 기와의 전반적인 성능도 우수해진다.

불 때기 마지막에 장작을 한가득 채우고 봉인한 후 며칠 동안 가마를 식히는 과정도 화학반응을 촉진한다. 봉인된 가마 안에서는 산소를 다 태우고 나면 불완전 연소가 일어난다. 이때 연기와 일산화탄소, 미세한 목탄 재가 달궈진 기와 표면에 작용하고 달라붙어 코팅막을 형성한다.

검정 바탕 은회색 빛깔의 전통 기와 고유 질감은 여기서 만들어진 것이다.

장인의 역량

소성이 잘 되려면 시간 흐름에 따른 불의 강약 조절은 물론, 소성 과정 전반을 민감하게 통제해야 한다.

이 일은 오랜 경험으로 최적화된 엄격한 매뉴얼 없이는 불가능해 보였다.

김창대 제와장은 스승에게 전수한 노하우에 더해 연구와 반복 학습을 거듭하면서 본인만의 기량을 체득했다.

1박 2일 제와장의 불 다루기는, '딱 보고 아는' 직관에 따른 판단이었다.

본격적인 불 때기 시작. (2022.10. 장흥)

Episode 2.
밀당

불 때기는 극도로 예민한 작업이다. 단순히 장작 넣고 달구는 일이 아니다.

가마 속 구간별 격차를 줄이면서 온도를 올리고, 목표 수준에 도달하면 적당한 시간 동안 유지한다. 이 과정을 잘 통제해야 불량 없고 색 좋은 기와를 얻는다.

만약, 가마 뒤쪽이 충분히 달궈지지 않았는데 무리하게 화력을 높이면 과열된 앞쪽 기와가 무너져 내릴 수 있다. 온도 상승 속도도 중요하다. 예열이 불충분한 상태로 급속 가열하면 기와가 균열 파손될 수 있다.

결국, 가마 불 때기는 불의 강도와 단계별 지속시간을 조절하는 일이다. 여기에는 잠시도 긴장을 늦출 수 없는 집중력이 요구됐다.

김창대 제와장은 불꽃의 밝기 정도로 가마 내부 온도를

체크 했고, 그때그때 약한 불과 센 불을 교차시키면서 불과의 '밀고 당기기'를 지속했다.

말림 불 넣기

긴 가마 속에 빼곡히 적재한 기와들을 아궁이 근처부터 굴뚝까지 편차를 최소화하며 온도를 올리려면 구분되는 몇몇 단계를 순차적으로 거쳐야 한다.

불은 그 첫 단계인 말림 불에서 시작된다. 말림 불은 예비 가열이다.

가마에 적재한 '날 기와'는 자연건조로 잘 말랐지만, 아직 함수율은 높다. 또 가마에도 습기가 있기 마련이다. 본격적인 불 때기에 앞서 약한 불로 이를 제거한다.

말림 불은 비교적 낮은 100℃에서 120℃ 온도로 수 시간쯤 유지한다. 굴뚝 쪽에 약간의 온기가 느껴질 때 멈춘다. 말림 불이 너무 뜨거우면 아직 수분이 많은 기와가 터질 수 있다.

말림 불을 때고 나면 훈증 한다. 아궁이를 닫고, 내부 열기로 남은 습기가 서서히 제거되도록 기다린다.

말림 불과 훈증이 잘 되면, 본 불의 열기가 더 고르게 들어간다.

본 불 넣기

본 불도 처음부터 과열되지 않게 단계를 두고 점차 불 세기를 높여간다.

먼저 약한 불로 예열한다. 기와가 파열되면 모든 작업이 허사다. 온도 급상승을 피한다.

충분히 예열되면 중불, 큰불 순으로 강도를 올린다. 큰 불 때기는 850℃에서 1,000℃도 사이에서 2시간 정도 유지한다.

가마에 본 불을 때고 있는 작업자들 (김창대 제와장 제공)

큰불 넣을 때가 가장 중요하다. 제와장과 작업자들이 가장 긴장하는 순간이다.

한순간 판단 착오나 미세한 온도 차이로 기와가 찌그러지거나, 가마 뒤쪽 기와가 덜 익기도 한다. 김창대 제와장도 과거 시행착오가 있었다고 한다.

큰불이 지속될수록 가마 주변에 긴장감이 돌았다. 땔감도 화력 강도 조절이 가능하게 규격별로 분류되어 있다. 김창대 제와장은 불꽃의 밝기와 아궁이 안쪽 기와 색깔을 확인하고, 계측기 온도계를 봐가며 땔감의 종류와 개수를 지시했다.

색깔로 온도 맞추기

불에 달궈진 기와의 색깔이나 불꽃을 봐가며 화력을 조절하는 방법은 기와에만 국한되지 않는다. 도자기 굽는 가마에서도 비슷한 방법을 쓴다.

도자기 가마 중에는 메인 아궁이 외에도 측면에 여러 개의 창을 더 내고 최종 온도를 각각 조절하는 방식이 있다. 칸마다 있는 '불 창'으로 가마 부위별 도자기의 달궈진 빛깔을 확인하고, 해당 부위 온도를 높일 때는 그곳에만 장작을 추가하는 '개별 난방' 방식 온도 조절이다. 이런 가마는 아무리 길어도 눈으로 내부를 확인할 수 있다.

그러나 장흥 가마는 '불 창' 없이 맨 앞쪽 아궁이 하나로 가마 위치별 온도를 조절해야 한다.

김창대 제와장은 아궁이 안쪽 기와의 달아오른 빛깔을

확인하며 화력을 조절했다. 실제로 처음엔 붉게 달아오른 가마 속 기와가 시간이 지나자 밝은 노랑이 되더니, 다시 맑은 달빛처럼 투명해졌다.

굴뚝에서 뿜어나오는 불꽃도 기준이 됐다. 본 불 시작 후 일정 시간이 지나고 어느 순간 굴뚝에서 샛노란 불꽃이 터져 나왔다. 작업자들은 그 횟수를 헤아려 내부 온도를 가늠하고 아궁이 쪽 화력을 조절했다.

굴뚝 화염. 작업자들은 이곳에서 샛노란 불꽃이 몇 차례 터져 나올 때 그 숫자를 헤아려 가마 뒷부분이 달궈진 정도를 가늠했다. (2022.10. 장흥)

잘 익어가는 기와.
불꽃 너머 수기와가 안으로 들어갈수록 밝게 달궈졌다. (2022.11. 장흥)

절정

화력 조절의 목적은 가마 속 위치별 온도 차이를 극복하고, 기와를 균일한 온도로 굽기 위해서다.

길이가 긴 등요 가마 속에는 9칸으로 나뉘어 기와가 적재돼 있다. 불을 넣으면 아궁이에 가까운 위치 따라서 기와는 순차적으로 달궈질 것이다.

그러니 소성 불이 어지간히 들어간 시점부터는 먼저 달궈진 앞쪽 기와는 더 오르지 않게 하고, 중간이나 뒤쪽 온도는 더 올리는 솜씨가 관건이 된다.

이를 위해 작업자들은 가마에 설치된 온도계를 확인하며, 장작의 크기와 개수를 조절했다. 김창대 제와장은 불의 강약과 리듬을 조절하며 가마 내부 위치별 온도를 최대한 균등하게 맞추고자 했다.

이날 밤 나는 김창대 제와장을 따라, 서로 다른 크기의 장작을 번 갈아 투입하다가 문득, 한옥 도편수들의 익숙한 모습이 생각났다.

한옥 목수들도 오랜 반복 작업에서 확립한 각자의 직관적인 작업 기준이 있다. 제와장의 불 다루기도 비슷해 보였다.

기능의 전수와 발전

기와가 잘 구워지도록 불을 조절하는 능력은 제와장이 갖출 필수 요소다.

김창대 제와장의 불 다루는 솜씨는 스승의 기능 전수에 기반한다. 한형준 선생에게 일을 배우던 초기, 가장 놀란 대목도 스승의 불 조절 실력이었다.

그런데 지금 장흥 가마에 확립된 불 때기 방법은 한형준 제와장 시절보다 발전한 것이다.

숭례문 기와 납품 이후 문화재 보수 현장 주문량이 급증했다. 10여 년 동안 작업이 꾸준히 이어지면서 불 다루는 기능도 최적화한 것이다.

불구멍 막기 (2022. 11. 장흥)

Episode 3.
가마봉인

기와가 충분히 익었다고 판단되면 불구멍을 막는다.

미리 선별해 모아둔 화력 좋은 장작을 가득 채우고 아궁이부터 봉인한다. 동시에 작업자들은 가마의 실금이나 빈틈을 확인해 남김없이 진흙 바름 했다.

가마를 막으면 내부 산소가 소진되고 불완전 연소가 심해진다. 가마 내부에 일산화탄소와 탄화된 장작 재 같은 유기물질이 가득 찬다. 이때 작은 구멍을 뚫어 가스를 빼내는데 이를 '종구멍'이라 한다. 매연으로 기와 색감이 지나치게 어두워지지 않게 조절하려는 것이다.

기와 소성 작업자들. 맨 오른쪽이 김창대 제와장. 가운데는 불 넣기에 숙련된 작업자. 왼쪽은 기와 소성 체험행사 참가자. (2022.10. 장흥)

Episode 4.

땔감

가마 온도가 700℃를 넘어 800℃와 900℃ 사이에서 오르락내리락 반복하는 동안, 현장에는 신경 줄이 팽팽히 당겨진 초긴장 상태가 지속됐다.

제와장을 포함한 네 명의 작업자들은 크기별로 분류된 장작더미를 오가며 나무의 개수와 크기, 넣는 위치까지 고려해 불을 땠다.

불이 과하면 장작 개수를 줄이고, 온도가 급히 오르면 잠시 잦아들기를 기다렸다가 다시 넣었다.

김창대 제와장은 가마 온도를 자유자재로 다루자면 질 좋은 땔감이 준비돼야 한다고 강조한다.

나무는 크기와 건조상태가 일정해야 한다. 편차가 심하면 강도를 올리고자 할 때 온도 상승이 정체할 수 있다. 불길이 막히지 않고 원하는 만큼 예리하게 조절되려면, 장작의 수종과 크기, 건조상태가 같아야 한다.

김창대 제와장은 기와 제작에서 흙을 골라내고 준비하는 것 못지않게, 땔감도 중요하다고 한다.

지금 가마에서는 서울 종묘 재실 공사에 납품할 기와를 작업 중이다.

이 기와 소성에 사용할 나무도 준비에 많은 공을 들였다고 한다.

소성이 끝난 막새기와. 가마 내부에 재가 뿌옇게 날린다. (2022. 10. 장흥)

Stage 4.

기와 꺼내기

Episode 1.
식히기

아궁이를 막고 밀폐한 가마는 며칠 동안 천천히 열이 내려가도록 둔다. 가마가 다 식으면 2~3일 후에 열어서 기와를 꺼낸다.

기와가 식으면서 화학반응도 완료된다. 기와는 장시간의 가열 끝에 마지막 2시간 남짓은 1,000℃에 육박하는 고온에 달궈졌다.

탄착

기와가 식는 동안 가마 속에 가득 찬 나무 재와 그을음, 연기 등이 기와 표면에 달라붙고 침투한다. 재가 달라붙는다 해서 과거엔 '탄착'이라고 했다.

가마 속 연료에서 생기는 탄소와 수분이 화합하여 탄화수소가 되고 이것이 기와 표면에 접착되면서 탄소가 고착되는 것이다.[7]

김창대 제와장은 탄소가 식으면서 기와 표면에 피막 층이 되어 육안에는 보이지 않는 미세한 틈을 막는다고 설명한다. 이렇게 생긴 피막은 윤기 있는 은회색으로 착색해 기와 빛깔을 은은하게 한다.

---

7 〈한국건축대계 Ⅵ. 蓋瓦〉. p114. 장기인. 보성각.

탄착. 목탄 가루가 소성된 기와 위에 수북하다. (2022.10. 장흥)

Episode 2.
꺼내기

기와 검사

가마 개봉 후 가스가 모두 빠져나가도록 한동안 기다렸다가 기와를 꺼낸다.

운반에 앞서 기와가 잘 구워졌는지 검사한다. 먼저 기와 끝을 한 손으로 들고 나무망치로 두드려 소리를 듣는 '청음 검사'를 한다. 잘 구워진 기와는 두드리면 금속성 맑은 음이 난다. 덜 구워지면 소리가 탁하다.

그 밖에 두께, 색상, 규격을 확인하고 휘거나 뒤틀리지는 않았는지 확인한다. 소성 과정의 변형 여부를 살피는 것이다.

기와 요출. 가마가 충분히 식으면 개구부를 열고 기와를 꺼낸다.
(2022. 10. 장흥)

Chapter V.
김창대 제와장 Q&A

국가무형문화재 제91호
제와장 기능 보유자

공개행사 체험 지도하는 김창대 제와장 (2022.10. 장흥)

김창대 제와장 Q&A
국가무형문화재 제91호 제와장 기능 보유자

Q. 선생님이 스승 한형준 제와장께 일을 배우기 시작한 지 벌써 25년인데요. 처음에 무슨 계기가 있었습니까?

A. **저는 원래 도자기를 전공했습니다.** 어린 나이에 도자기 기능 대회에서 입상한 경력 등을 인정받아 모교인 고등학교에서 실기를 가르쳤습니다. 19살인 1991년부터 2003년까지 일반 공무원으로 근무했습니다.

A. **1997년에 기와 다큐멘터리**를 보고 관심이 생겼습니다. 문화재청 가서 기와 공장 리스트를 얻었는데 무형문화

재로 한형준 선생님이 계신 걸 알았습니다. 그런데 당시 스승님 가마에 와서 보니 너무도 열악한 환경이어서 놀랐습니다. 그때가 1998년 11월인데, 당시만 해도 저는 기와를 하겠다기보다 도자기에 접목하는 데 관심이 있었습니다.

Q. 스승 한형준 제와장과 만남이 궁금합니다.

A. 가을 벼 수확 때 처음 뵀는데, 눈병으로 선글라스를 하고 계셨습니다. 공무원 휴직 3개월 내고 와서 생활을 시작했습니다. 그런데 선생님은 아직 믿음이 안 갔는지 기와는 안 가르치시고, 창고나 마당 공사에만 저를 부르셨습니다. 묵묵히 버티는데 휴직 기간 끝나기 3주쯤 전에 기와 밭 만드는 것부터 하라고 시키셨습니다. 기와 만들어 건조하는 곳이 기와 밭입니다. 굴곡이 있으면 안 되고, 밭의 수평 맞추는 것이 가장 중요합니다. 다 만들고 나니까 인정하시는 것 같았습니다. 그 후로도 주말마다 오니까 스승님도 마음을 열어 주셨습니다.

암기와 만드는 스승과 제자 (김창대 제와장 제공)

Q. 한형준 선생님은 어떤 분이셨나요?

A. 선생님은 1950년대 전후 기와 일에 입문하셨습니다. 태어나신 곳은 전라남도 나주이고, 6·25 전쟁이 벌어지기 전 이모부를 따라 장흥군 안양면 기와 공장에 취직하신 후 30~40년을 일하셨습니다. 시멘트 기와가 대량 공급되기 전까지 젊은 시절에 전통 수제기와 제작기능을 체득하셨습

니다. 그 시절 축적된 기능과 감을 지니셨고 이점을 인정받아 1988년 최초의 국가무형문화재 제와장에 지정되셨습니다.

A. 젊은 시절엔 일이 많아서 벌이도 좋았답니다. 안양공장 공장장으로 계실 때도 흙 기와를 감투 가마에 구워 만드셨는데 아직 슬레이트나 시멘트 기와가 없던 시절이라 일이 아주 많았다고 합니다. 스승님 말씀으로는 그 시절엔 당신 혼자서 감투 가마 두 개를 동시에 불 땐 적도 있으시답니다. 믿기지 않지만, 어쩌다 옛 이야기하실 때 자랑하셨습니다.

Q. 김창대 제와장님이 일 배우던 시절은 어땠습니까?

A. 선생님은 1988년 8월 국가무형문화재로 지정되셨는데, 당시는 기와 제작보다는 명맥만 유지되던 실정이었습니다. 그 시절 수제기와 만드는 기능자가 몇 명 더 있었

으나, 유일하게 선생님만 국가무형문화재 기능 보유자로 인정받으셨습니다.

A. 저는 2003년 공무원 사직하고 선생님 공방에 와서 본격적으로 일을 배웠습니다. 당시는 아직 체계적인 교육이라기보다는 이것저것 배우는 수준이었습니다. 2003년 한국전통문화대학교에 진학해 공부도 더 했고, 졸업 후 장흥에 살면서 공방을 세웠습니다. 선생님의 전수 교육 조교가 됐지만, 공방은 아직 체계가 부족했거든요.

다무락 작업 중인 스승과 제자. 김창대 제와장이 일을 배우던 초기 한형준 선생과 함께 작업하는 모습. (김창대 제와장 제공.)

A. 일 배우던 초기 저는 나름 도자기도 했고, 가마도 아는 편이라 자신감이 있었는데, 선생님이 잡목을 때서 가마 온도를 맞추시는 걸 보고 깜짝 놀랐습니다. 이게 되는구나 싶었습니다. 이때 처음부터 새로 배워야겠다는 마음을 먹었습니다.

Q. 서울 숭례문은 한국건축 문화유산을 상징하는 건물입니다. 제와장께서 숭례문 기와 복원한 얘기를 들려주십시오.

A. 저는 2007년 12월부터 장흥에서 가마터 공사를 시작해 2008년 1월에 감투 가마를 지었습니다. 그런데 이때 숭례문이 화재로 유실되는 참사가 벌어졌습니다.

숭례문 기와 복원 사업 용역을 받아서 본격적인 작업이 시작됐습니다. 당시 있던 감투 가마는 일제 강점기 때 넘어온 것이라는 얘기가 정설이어서 전통 가마 복원 연구가 시작됐습니다.

A. 용역 받아서 전국 190개 가마 발굴터를 조사하고, 그중 20곳은 현장에 가서 직접 조사를 했습니다. 연구 조사 결과에 바탕해 남양주 호평에 가마를 짓고, 2010년 10월 첫 불을 땠습니다.

숭례문 기와를 복원하기 위해 지은 가마인데, 한형준 선생님께서 그날 가마의 온도를 다 맞췄습니다. 기와가 아주 잘 나왔습니다. 문화재청 관계자들이 모두 참석했고, 동파 실험도 통과됐습니다. 그래서 2011년 1월부터 숭례문 기와를 본격 생산하게 된 것입니다.

A. 복원한 가마에 첫 불 때던 날 나주문화재연구소에서 호기심을 보이며 가마에 온도 계측 센서를 다 박아두고 검측했는데 결과가 아주 좋았습니다. 여기서도 입증된 것입니다.

A. 숭례문 기와 복원은 한형준 선생님의 기능에 기반해서 작업했지만 보완하는 노력이 있었고 이것이 중요했습니다. 숭례문 공사 이전에는 장흥 가마에서 문화재 현장 납품

이 거의 전무 했습니다. 전수 교육 정도가 유지되는 실정이었습니다.

숭례문 작업을 시작할 때는 선생님이 가진 기술로만 했는데 안 맞는 게 있었습니다. 이전까지는 적은 양의 흙으로만 하다가 갑자기 대량으로 작업하려니 시행착오가 있었던 것입니다. 저도 이때 흙이 중요하다는 점을 깨달았습니다. 지금 제가 하는 종묘 작업도 흙에 비중을 두고 준비했습니다. 또, 땔감으로 쓰는 나무가 중요하단 사실을 알아서 신경 써서 준비했습니다.

Q. 작업하시는 종묘도 조선시대 건축을 대표하는 중요 건물입니다. 기와 복원작업 공정이 어떻게 진행되는지 궁금합니다.

A. 기와 복원작업이 확정되면 맨 처음에 조사부터 합니다. 예전에는 조사 활동이 많았는데 요즘은 발주처가 사전 연구용역을 합니다. 먼저 문화재청이 공사 공고를 낸 후 시

공사가 결정됩니다. 이어서 연구용역으로 1차 실측 자료가 나오면 이에 바탕 해서 제가 현장 조사를 합니다.

A. 그 후 기와에 있는 문양 샘플링 작업을 합니다.

샘플 나오면, 문화재 위원회 자문회의 심의 ▶ 시범생산 ▶ 시공품 만들기(기와 형틀, 문양 틀) 순입니다. 모든 단계마다 자문회의를 거치고요, 통과하면 본 제작을 시작합니다.

기와를 다 구워서 내보내면 현장에서 와공이 지붕에 기와를 이어 올립니다. 그러면 모든 공정이 끝납니다.

복원한 잡상. 김창대 제와장은 숭례문 작업 때 잡상, 취두, 용두, 귀면, 망와, 토수 등 각종 장식기와를 복원했다. (2022.10. 장흥 제와장 전시관)

Q. 그동안 작업한 기와 형틀과 문양 틀이 전시된 걸 봤습니다. 문양 복원도 어려운 일 같은데요?

A. 창작해서는 큰일 납니다. 먼저, 원형 기와에 있는 문양 샘플링하고요, 샘플 만들면 문화재 위원회에서 심의합니다.

실측 후 사진 찍고 ▶ 탁본(기와 등에 있는 문양도 탁본) ▶ 목형작업(나무에 문양 새기기) ▶ 모델 제작 순서입니다. 막새기와에 있는 문양도 마찬가지 순서로 작업합니다. 이 모든 과정 역시 단계별로 현장 자문회의를 거쳐야 합니다.

A. 조각 자체는 시간이 오래 걸리지 않습니다. 보통 3~4일에서 복잡해도 1주일이면 됩니다. 그런데 전체 절차가 끝나기까지는 훨씬 오랜 시간이 듭니다. 종묘의 경우 5개월 걸렸습니다.

숭례문 공사 이전엔 작업 체계가 다소 엉성했다면 지금은 절차가 명확합니다. 이런 과정을 모두 거쳐야 하니 기와 제작 시작까지는 상당한 시간이 필요합니다.

A. 작업 건물마다 처음부터 완전히 새로 합니다. 한번 만든 도구를 다시 쓸 경우는 거의 없습니다. 같은 기와가 없고 현장별로 차이가 있기 때문입니다. 틀 자체도 보존 가치가 있습니다. 세월이 흘러 같은 건물을 다시 공사할 때 사용할 수 있을 것입니다.

김창대 제와장이 복원한 기와 형틀, 문양틀, 제작 도구들.
(2022.10. 장흥 제와장 전시관)

Q. 언제 가장 큰 보람을 느끼십니까?

A. 가끔 제가 만든 기와가 지붕에 올라가는 모습을 보러 현장에 가기도 합니다. 기와를 한 장 한 장 만들 때는 반복 작업이 힘듭니다. 실제로 지난해 1년 중에 절반은 몸살을

앓았던 것 같습니다.

그래도 기와가 지붕에 올라가는 모습을 볼 때는 내가 이걸 위해 했구나 싶어 뿌듯합니다. 기계 기와(공장제 기와)보다 고풍스럽고 품위가 있다는 얘기를 들으면 기분이 좋습니다.

Q. 전통 수제 기와는 공장제 한식 기와에 비해 어떤 장점이 있습니까?

A. **명칭부터 말하면** 한식 기와는 기계 기와(KS기와)라 하고, 수제기와는 수제 전통 한식 기와라고 합니다. 개인적으로는 KS기와가 이 시대에 잘 맞는다고 봅니다. 이 기와는 지금 한옥의 목구조 형태에 대응해서 규격화했습니다.

이와 달리 문화재 가치 면에서 보면 전통 수제 기와는 질감에 무형적인 가치가 있습니다. 또, 기계 기와보다 무게가 25% 정도 가볍습니다. 지붕 하중에서 유리합니다. 색감도 자연스럽고 고풍스럽습니다. 천편일률적인 색감이 아니라 알록달록한 은회색 질감이 납니다.

A. 공식 데이터는 아니지만, 비가 올 때 수제기와는 흡수했다가 날씨가 건조해지면 지붕 내 습기를 발산하는 기능을 합니다. 이에 반해서 KS기와는 강도가 높지만, 무게가 25% 정도 더 나가고, 내부 수분 배출을 지연시켜 목 부재 부식을 야기하기도 합니다.

김창대 제와장(왼쪽)과 체험 중인 저자 (2022.10. 장흥)

Q. 수제 기와 색감이 자연스럽고 은은한 이유는 무엇입니까?

A. 색깔이 자연스럽고, 천편일률적이지 않고, 알록달록하게 나오는 이유는 구식으로 만든 가마에 구우면 불 넣는 입구와 굴뚝 부위의 온도 차이가 있어서입니다.

기와의 색은 일산화탄소와 반응해서 생기는데 그 온도가 낮으면 어둡고, 높으면 맑은 은회색 빛이 나옵니다. 구울 때 약간의 온도 차이로 기와 색깔 차이가 생깁니다.

또 기와를 만들 때 등에 문양을 넣는데 이 결이 빛 반사를 억제합니다. 그래서 멀리서 보면 지붕이 차분해 보입니다.

A. 일산화탄소와 반응해 흙 안에 있는 철분이 산화하면서 붉거나 녹색 빛이 나기도 합니다. 흙은 지역마다 다 다릅니다. 장인이라면 어느 지역이라도 적합한 흙을 찾아 기와를 만들어 낼 수 있어야 합니다.

Q. 후학이나 문화재에 관심 있는 사람들에게 들려주고 싶은 말씀이 있다면 부탁드립니다.

A. 한 군데에 머무르지 말고, 옹고집으로만 하면 옳은 기와를 못 합니다. 문화재 작업에서 가장 중요한 것은 소통이라고 생각합니다. 사람들은 저마다 기준이 있습니다. 서로 나누고 소통하는 것이 가장 중요하다고 생각합니다.

참고도서

1. 「한국건축대계 6. 기와」 보성각. 장기인.
2. 「한국건축대계 8. 재료」 보성각. 장기인.
3. 「영건의궤_ 의궤에 기록된 조선시대 건축」 동녘. 영건의궤연구회. 2010.
4. 「한눈에 보는 제와」 한국공예·디자인문화진흥원. 2018.